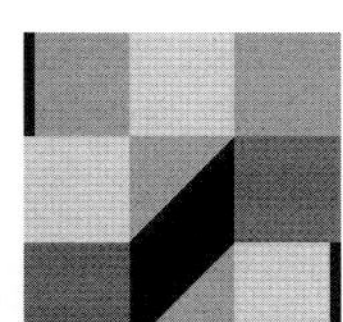

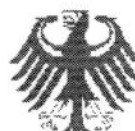

Bundesamt
für Bauwesen und
Raumordnung

Johannes Peter Hölzinger

Synthèse des Arts

Die Verbindung von Kunst und Architektur bei den Regierungsbauten auf der Hardthöhe in Bonn

The Combination of Architecture and Art in the Government Buildings on the Hardthöhe in Bonn

Eberhard Fiebig
Formalhaut
Ottmar Hörl
Johannes Peter Hölzinger
Leonardo Mosso
Norbert Müller-Everling
Ansgar Nierhoff
Andreas Sobeck

Edition Axel Menges

Herausgeber / *Editor*
Bundesamt für Bauwesen und Raumordnung,
Bonn / Berlin

ISBN 3-932565-09-6

Reproduktionen / *Reproductions*: Repro igs, Berlin
Druck- und Bindearbeiten / *Printing and binding*: Daehan Printing & Publishing Co., Ltd., Sungnam, Korea

Konzept und Gestaltung / *Concept and design*: Johannes Peter Hölzinger, Bad Nauheim
Layout und Produktion / *Layout and production*: NEFA Kommunikationsdesign, Frankfurt am Main / Berlin
Englische Übersetzung / *English translation*: SATS Translation Services, Ehingen

Florian Mausbach

Vorwort
Foreword

Anläßlich der Eröffnung seines Museums auf dem Abteiberg in Mönchengladbach beschrieb Johannes Cladders die Situation der Kunst anfangs der achtziger Jahre: „Die Kunst unserer Zeit besitzt von vornherein keinen anderen Ort, auf den sie zutiefst zielen könnte und auch zielt, als den des Museums." Zu eben diesem Zeitpunkt wurde in Bonn für das Bundesministerium der Verteidigung der Versuch unternommen, die zeitgenössische Kunst aus dieser babylonischen Gefangenschaft zu befreien. Der Bundesminister der Verteidigung hatte der Bauverwaltung die Aufgabe gestellt, in seinem neuen Ministerium auf der Hardthöhe in Bonn die Mittel für Kunst am Bau so einzusetzen, wie es dem Sinngehalt der Richtlinien entsprach. Die Kunst sollte in dieser Liegenschaft eine unlösbare Verbindung eingehen mit den Menschen, den Gebäuden und der Landschaft.

Auf dem Abteiberg in Mönchengladbach wie auf der Hardthöhe in Bonn war es ein Glücksfall, dass die Architekten des Hauses, dort Hans Hollein, hier zu guter Letzt, Johannes Peter Hölzinger, zugleich Künstler waren. Hölzinger ist verantwortlich für die Planung des Ministergebäudes und des Südkasinos, an der Formulierung der Bedingungen für den Kunstwettbewerb – der Partitur, wie er sie nennt – war er ebenfalls maßgeblich beteiligt. Er hat es in den folgenden Jahren wie kaum ein anderer zeitgenössischer Architekt verstanden, Künstler in seine Planungsüberlegungen einzubeziehen. Das Ergebnis ist bemerkenswert:

Die Kunst auf der Hardthöhe zielt nicht auf das Museum, sondern – wie die riesigen, geschmiedeten Stahlkugeln des Künstlers Ansgar Nierhoff – auf das Ministerium. Dieses scheint jedoch unverwundbar zu sein und läßt sie abprallen oder lenkt sie auf ihrem Weg um. Sie zielt auch auf die Natur und formt wie die Künstler Ottmar Hörl, Andreas Sobeck, Gabriela Seifert und Götz Stöckmann die Tribünendächer am Paradeplatz den Bäumen nach, sie erobert die Erschließungsachsen, charakterisiert Hofanlagen, markiert Eingänge und leitet den Besucher sogar durch die Gebäude. Sie ist öffentlicher Raum und zugleich Ariadnefaden durch das Labyrinth der modernen Großbaustruktur. Besonders intensiv bewegt sie den Besucher des Kasinos und treibt ihn mit der dynamischen Kraft der rotierenden Spirale von Norbert Müller-Everling hinein und wieder hinaus. Sie leuchtet ihm in den Spektralfarben des Lichts von Leonardo Mosso und gibt ihm Halt an der großen Stele von Eberhard Fiebig, die dieser wie eine Landmarke in den See vor das Kasino gerammt hat.

Die Worte von Johannes Cladders, mit welchen er das Museum als das potentielle Gesamtkunstwerk unserer Zeit bezeichnet, könnten nun – zwanzig Jahre später – gleichlautend für das Kasino auf der Hardthöhe gelten: „Es wird zu einem Gesamtkunstwerk in dem Maße, als es dort gelingt, den räumlichen Anspruch der Architektur mit dem der Kunst zu vereinigen. Der Versuch einer Realisation wurde angetreten mit einem Architekten, der für sich nicht zwischen Kunst und Bauen eine Trennungslinie zieht. Bauerlebnis und Kunsterlebnis sind zu einer Einheit zusammengefügt worden."

Ich hoffe, daß diese neue Standortbeschreibung der Kunst nicht als Einzelfall, sondern als Entwicklungslinie neue Ziele nicht nur für die Kunst, sondern für die Baukultur allgemein eröffnet und werte es als gutes Omen, daß wir gleichzeitig mit der Gründung des neuen Bundesamtes für Bauwesen und Raumordnung dieses wichtige Bauvorhaben in Bonn so erfolgreich abschließen konnten.

Mit dem Bau des Kasinos auf der Hardthöhe ist etwas Phantastisches entstanden, das Himmel, Erde und Wasser, Architektur, Kunst und Natur zur Harmonie bringt. Es ist aber

At the occasion of the opening of his Museum auf dem Abteiberg in Mönchengladbach, Johannes Claddes described the situation at the beginning of the eighties: „The art of our times has no place that it can target in depth and in fact does target from the outset other than the museum." At precisely that point in time, the attempt was made by the Federal Defense Ministry in Bonn to free contemporary art from this Babylonian imprisonment. The Defense Secretary had given the task to the building administration to use the means for achieving art in architecture in his new ministry in Bonn-Hardthöhe in a way that would comply with the meaning of the regulations. Art in this location should enter into an inseparable symbiosis with the people, the buildings and the landscape.

Where as it was a lucky coincidence in Mönchengladbach that the architect of the house was also an artist, the Hardthöhe was fortunate that in the end it was an artist with special abilities as an architect that was able to lend a hand in these matters. Johannes Peter Hölzinger is responsible for the planning of the ministry building and the south cafeteria, and he was also decisively involved in the formulation of the conditions for the art competition – the score, as he calls it. During subsequent years, he understood, like hardly any other contemporary architect, the necessity of integrating artists into his plans. The results are remarkable.

The art on Hardthöhe doesn´t target the museum, but – like the huge cast-iron steel spheres of the artist Ansgar Nierhoff – it does target the ministry. The latter, however, seems to be invulnerable and deflects it or causes it to deviate from its path. It also targets nature and, like the artists Ottmar Hörl, Andreas Sobeck, Gabriela Seifert and Götz Stöckmann, shapes the tribune roofs at the parade square in the image of the trees; it conquers the development axes, characterizes yard complexes, marks entrances, and even guides the visitor through the buildings. It's a public space and at the same time an Ariadne's thread through the labyrinth of the modern large-scale structure. It moves the visitor of the cafeteria especially intensively and, with the dynamic power of the rotating spiral by Norbert Müller-Everling, drives him first in and then out again. It shines upon the visitor in the spectral colors of Leonardo Mosso's light and provides support in the large stele by Professor Eberhard Fiebig, which he rammed into the lake outside the cafeteria creating a kind of landmark.

Johannes Cladders' words, which describe the museum as the potential synthesis of the arts of our times, could now – twenty years later – be similarly applied to the cafeteria on Hardthöhe: „It will become a synthesis of the arts to the extent that it will succeed in unifying the spatial claim of architecture with that of art. The attempt at a realization was undertaken with an architect who doesn't draw a division between art and architecture. The architectural experience and the experiencing of art have thus been united."

I hope that this new description of the position of art as a line of development won't remain a unique case but will open up new goals, not only for art but also for the architectural culture in general. And I consider it a good omen that we were able to simultaneously found the new Bundesamt für Bauwesen und Raumordnung and finish this important architectural project in such a successful way.

With the construction of the cafeteria on Hardthöhe, something fantastic has been created, something that brings the sky, the earth and water, architecture, art and nature into harmony. But something very real was created, as well –

Florian Mausbach

Geboren 1944 in Koblenz/Rhein; Architekturstudium an der Technischen Universität Braunschweig und an der Technischen Universität Berlin; Stadtplaner u. a. in Düsseldorf und Frankfurt am Main; 1990 Baudezernent der Stadt Bielefeld; seit 1995 Präsident der Bundesbaudirektion (seit 1.1.1998 Bundesamt für Bauwesen und Raumordnung), Berlin/Bonn.

Born in 1944 in Koblenz/Rhine; studied architecture at the Technische Universität Braunschweig and the Technische Universität Berlin; Urban planner in Düsseldorf and Frankfurt, among other places; 1990 Head of Building Department of the City of Bielefeld; Since 1995, President of the Bundesbaudirektion (since 1. 1. 1998 Bundesamt für Bauwesen und Raumordnung), Berlin/Bonn.

auch etwas ganz Reales entstanden – ein Restaurant für 1.800 Mitarbeiter des Verteidigungsministeriums. Es entspricht allen Richtlinien und allen Anforderungen, die an eine solche Einrichtung gestellt werden. Daß es aber mehr geworden ist als nur ein Ort regelmäßiger Nahrungsaufnahme, ein neuer Mittelpunkt und Treffpunkt für Mitarbeiter und Besucher, ein Ort der Anregung und der Entspannung von der Alltagsroutine der Verwaltung, das verdanken wir sicherlich dem Architekten, zuallererst aber dem Bauherrn, der es möglich machte.

Dies ist durchaus nicht selbstverständlich in einer Zeit angespannter Finanzen, in einer Zeit außerdem, in der Einweihungen architektonisch anspruchsvoller Bauten eher in Berlin als in Bonn erwartet werden. Dies ist ein wichtiges Zeichen für die Mitarbeiter auf der Hardthöhe und auch für die Stadt Bonn. Daß wir dieses Projekt zu einem guten Ende bringen konnten, verdanken wir nicht zuletzt dem persönlichen Engagement des Verteidigungsministers selbst. Dafür sind wir ihm zu Dank verpflichtet.

a restaurant for 1.800 employees of the Defense Ministry. It fulfills all regulations and requirements applicable to such an institution. The fact that it has become more than just a place for the normal, everyday consumption of food, that it has developed into a new center, a meeting point for employees and visitors, a place of inspiration and relaxation from the daily routine of the administration, is certainly owed to the architect and, above all, to the client who has made all of this possible.

This isn't self-understood during a time of limited budgets, a time, moreover, when openings of architecturally sophisticated buildings are expected to happen in Berlin rather than Bonn. This is an important sign for the employees on Hardthöhe and for the city of Bonn. The fact that we've been able to bring this project to a positive conclusion is due, not least, to the personal engagement of the Defense Secretary, and we owe him our gratitude.

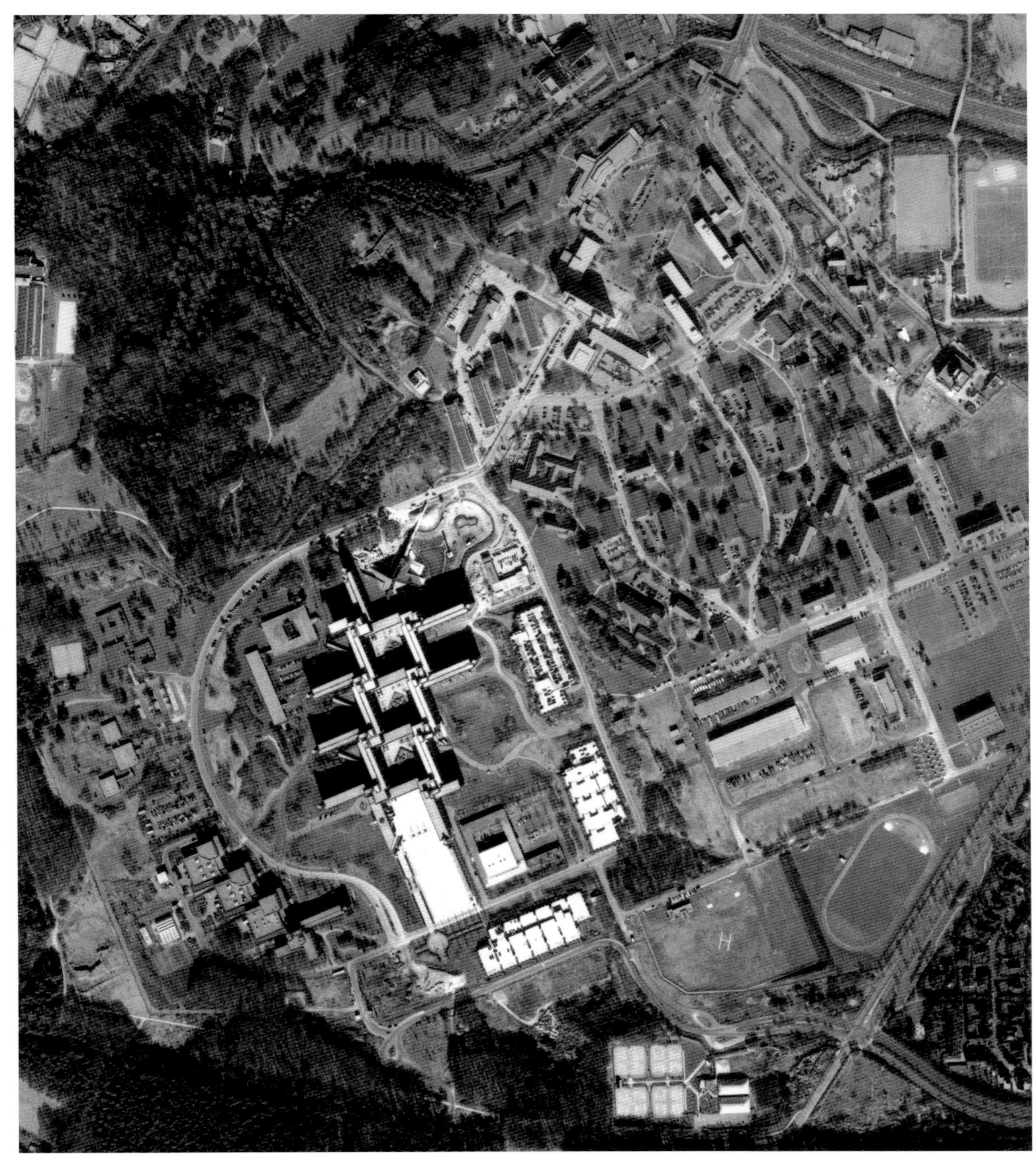

Dieter Ronte

Kunst/Architektur
Art/architecture

Das Thema hat sich als eine der großen Utopien unseres Jahrhunderts erwiesen. Das, was über Jahrhunderte völlig selbstverständlich war (z. B. die Piazza in Siena, der Petersplatz in Rom), ist in unserem Jahrhundert, also in einer Zeit, in der die Auftraggeber nicht mehr exakt vorgeben, was sie eigentlich vom Künstler einfordern, zu einem Problem des Gesamtkunstwerks geworden, das leider so selten sich realisiert hat (Kat. Harald Szeemann: *Der Hang zum Gesamtkunstwerk*, Zürich 1984).

Diese wenigen Beispiele, die zumeist noch in ihrer Denkweise im Jugendstil verankert sind, haben nach der Kaiserzeit, nach dem Ersten Weltkrieg nur noch rudimentäre Lösungen ermöglicht. Die Einheitlichkeit einer Weltanschauung in der Architektur ist aufgegeben worden, die öffentlichen Bereiche sind nicht mehr als solche zu sehen, die Gestalt der postmodernen Stadt verzichtet auf die Bilder der Stadt, sie hat sich verabschiedet aus der Geschichte der Stadt und des Städtebaus, sie hat in der sogenannten Moderne sich den Funktionen unterworfen, ohne die Bedürfnisse der Benutzer zu verstehen. Die Parzellen des einzelnen Baues, die Baureglementierung, der rationale städtische Eingriff, die Baulinien, die Zonenpläne, die Richtpläne, der Ortsbildschutz waren Antworten auf eine Stadt, die nur noch rational verstanden werden konnte und sollte, dieses aber nicht als Gesamtheit, sondern nur akkumulativ.

Die Resultate kennen wir. Wir sind in der Zeit der Postmoderne dabei, Korrekturen anzubringen, die Maximen neu zu schreiben, die Programme anders zu werten, die Dekonstruktion zu suchen, die Poesie des Ortes, eine neue Romantik zu propagieren, die neue, mögliche magische Form mit einer ökologischen Ausformung zu verbinden, die Architektur verschwinden zu lassen, sie unter die Erde zu bringen, nicht, damit sie weniger auffällt, sondern damit sie neue, andere und kräftigere Bilder als Erlebnisoptionen des Benutzens hervorzaubern kann. Heute sind wir auf der Suche nach der Balance von Rationalität und Emotionalität, erkennen wir die neue Sinnlichkeit der Stadt, die nicht nur eine Frage der ästhetischen Qualität ist, sondern auch der gesellschaftlichen, des Zusammenlebens: dort, wo z. B. Politiker, Fachleute, Investoren und Künstler aufeinandertreffen.

Der öffentliche Raum ist in den letzten Jahrzehnten privatisiert, möbliert und auf reine ökonomische Nutzung hin ausgerichtet worden. So präsentiert sich auch die Kunst am Bau: beliebig und austauschbar. Wir alle aber wissen, daß die Kunst im öffentlichen Raum auch deshalb Zielscheibe für Sprayer, Graffiti-Künstler und andere wurde, daß die Intaktheit dieser Ideen sich nie so verwirklicht hat. Die Innenstädte sterben aus, da sie nur noch ökonomisch genutzt werden, profitorientiertes Denken hat zu Formen geführt, die nicht mehr dem Ausdruck eines menschlichen Bedürfnisses entsprechen. Dieser Satz heißt nicht, sich dem malerischen Geflecht eines Friedensreich Hundertwassers hinzugeben, dessen Harmonisierungszwang mit einer alles übertünchenden Ornamentik eine heile Welt vorgaukelt. Es ist die Aufforderung, Architektur, Kunst und Landschaft kritisch zu sehen, um dort wertend vorzugehen, wo äußerst positive Ergebnisse erzielt worden sind, z. B. an einem Ort, an dem man es am wenigsten vermuten würde, auf der Hardthöhe in Bonn, bei den Bauten des Bundesverteidigungsministeriums. Die heutige, so positiv zu sehende Lösung allerdings ist erst im nachhinein entstanden, und wie das gelungene Beispiel des Kasinogebäudes zeigt, viel zu spät.

Ein visuelles Leitsystem war notwendig, um die bestehenden Bürobauten mit den Erdklappungen der Sonderbauten und

The theme has proven to be one of the great utopian visions of our century. What has been completely self-understood for centuries (e. g., the Piazza in Siena, St Peter's Square in Rome) has become in our century a time when the clients no longer lay out precisely what they expect from the artist a problem of the synthesis of the arts which, unfortunately, has been so rarely realized (cat. Harald Szeemann, Der Hang zum Gesamtkunstwerk, *Zurich, 1984).*

These few examples, which in their thinking are mostly anchored in Art Nouveau, have enabled only rudimentary solutions after the Empire and World War I. The uniformity of a world view in architecture has been abandoned, the public realms can no longer be seen as such, the gestalt of the postmodern city does without the images of the city, it has bid farewell to the history of the city and urbanism, it has submitted itself to the functions of so-called Modernism without understanding the needs of the users. The parcels of the separate building, the building regulations, the rational urban operation, the building lines, zone plans, guide plans, and the protection of the local image were answers to a city that could only be understood rationally, not as a unity but only as an accumulation.

We know the results. In the era of Post-Modernism we are about to make corrections and rewrite the maxims, to reevaluate the programs, examine deconstruction and the poetry of the location, to propagate a new romanticism and connect the new and possible magical form with an ecological design, to allow architecture to disappear, to place it beneath the ground – not so that it will attract less attention, but in order for it to magically produce new and different and stronger images as experiential options of use. Today we are searching for the balance of rationality and emotionality; we recognize the new sensuality of the city, which isn't just a question of the aesthetic quality but also a question of society, of living together, in places where, for example, politicians, experts, investors and artists meet.

During the past decades, the public space has been privatized, furnished and oriented towards a strictly economical utilization. And this is how art in architecture presents itself: arbitrary and replaceable. But we all know that art in public spaces has therefore become a target for paint sprayers, graffiti-artists and others, that the totality of these concepts has never been fully realized. The inner cities are becoming extinct because they are used only for economic purposes, and a profit-oriented thinking has led to forms that no longer represent the expression of human needs. This is not to say that we're supposed to give ourselves over to the painterly network of a Friedensreich Hundertwasser, whose urge to harmonize with an ornamentation that covers everything leads us to believe in a perfect world. It is our challenge to view architecture, art and landscape in a critical way in order to come to a judgement where outstandingly positive results have been achieved – for example, in a location where one would least expect to find them: the Hardthöhe in Bonn, in the buildings of the Federal Defense Ministry. However, the solution that can be viewed today as being so positive has come about only through hindsight and, as the successful example of the cafeteria demonstrates, much too late.

It took a visual orientation system to allow the existing office buildings with the earth-openings of the special buildings and the objects and locations of the art in the outdoor complexes to grow into a network of artistic reactions. In unison, the new architectural symbols and the early graphic

Dieter Ronte

Geboren 1943 in Leipzig; Studium der Kunstgeschichte, Archäologie und Romanistik in Münster, Pavia und Rom; seit 1993 Direktor des Kunstmuseums Bonn.

Born in 1943 in Leipzig; studied art history, archeology and Romance languages and literature in Münster, Pavia and Rome; since 1993, Director of the Kunstmuseum Bonn.

den Objekten und Standorten der Kunst in den Außenanlagen zu einem Geflecht bildnerischer Reaktionen zusammenwachsen zu lassen. Die neuen architektonischen Zeichen und die früheren graphischen Setzungen eröffnen im Zusammenklang die thematischen Vorgaben zu einer gemeinsamen Räumlichkeit.

Die Zusammenarbeit unterschiedlichster Künstler wie Johannes Peter Hölzinger, Andreas Sobeck, Ottmar Hörl, Gabriela Seifert, Götz G. Stöckmann, Ansgar Nierhoff, Eberhard Fiebig, Norbert Müller-Everling und Leonardo Mosso ist als Glücksfall zu bezeichnen, da nicht die Kunst die Architektur möbliert, sondern die Architektur sich selbst als Kunst versteht, so daß neben dem Funktionalen als einem unverzichtbaren Teil der Architektur auch das freiheitliche Denken der Künstler integriert werden konnte, ja steigernd eingesetzt werden durfte. Es ging nicht mehr um die Autonomie oder Anwendung, um Idee oder Design, um Tradition oder Zukunft, sondern um ein selbstverständliches Experimentieren zugunsten der Nutzer.

Dieser Satz ist wichtig, da er aufzeigt, daß alle Überlegungen der beteiligten Künstler darauf abzielten, mit einem Aufforderungscharakter das gesamte Gelände zu überziehen, um dem Nutzer nicht die Schönheit eines Plagiats, die Wiederholung eines schon Bekannten vorzusetzen, sondern Gestaltungseinheiten zu erarbeiten, in denen Architektur, Gartenarchitektur und Informationssysteme zusammen beispielhaft und einzigartig Kunst sein können. Es versteht sich, daß der Versuch unternommen wurde, die Ästhetik unserer Zeit zu artikulieren, sie aber nicht wie ein Horror vacui dekorhaft über das Gelände zu stülpen, sondern mit der Kunst Orientierungspunkte und daraus resultierende Ablesbarkeiten zu finden, um die Funktionen des Geländes und der Gebäude zu unterstützen. Damit wird der Gedanke nach einer Vermenschlichung der Arbeitswelt verbunden, nach Entspannung und Betrachtung und Erlebnis, indem einzelne Bereiche unterschiedlich und dennoch aufeinander bezogen ausgeformt werden.

Ein besonderer Akzent, über dem Wasser schwebend, sozusagen ökologisch integriert, ist die Stele von Eberhard Fiebig. Eine sinnvolle Nutzung der Notwendigkeit von Beleuchtung mit den Mitteln der Kunst sind, statt gebräuchlichen Lichtdecken, die dreidimensionalen Lichtskulpturen von Leonardo Mosso. Architektur mit Landschaft zu integrieren ist die Aufklappung der Landschaft zu einer Architektur, die die Natur nach oben stülpt, das Licht hereinläßt und somit eine Architektur bildet, die neuartig zu erleben und zu nutzen ist.

In Bonn ist eine avantgardistische Setzung entstanden, die im Zusammenspiel der Künste aufzeigt, daß die Avantgarde – ein wahrlich militärischer Ausdruck – auch im Team positiv agieren kann. Denn die Künste in unserem Jahrhundert leiden, wie die ganze Gesellschaft, unter arbeitsteiliger Verantwortung. Der eine weiß nicht mehr, was der andere tut, jeder fühlt sich nur noch als ein Rädchen in einer großen Maschine. Dieses hat sich auch in den Künsten gezeigt, besonders im Bereich von Kunst am Bau, Kunst im Raum, im öffentlichen Raum. Das eine nimmt keinen Bezug mehr auf das andere. In Bonn nun gibt es dieses Beispiel, das vielleicht Schule macht. Dieses wäre zu wünschen, obwohl die Vorstellung, daß das Verteidigungsministerium die Avantgarde verteidigt, für einen ästhetisch denkenden Menschen ungewöhnlich ist. Die Beispiele auf dem Hardtberg aber zeigen, daß man anders sehen lernen kann, daß Umdenken äußerst dringend notwendig ist.

placements open the thematic preconditions for a common spatiality.

The collaboration of such disparate artists as Johannes Peter Hölzinger, Andreas Sobeck, Ottmar Hörl, Gabriela Seifert, Götz G. Stöckmann, Ansgar Nierhoff, Eberhard Fiebig, Norbert Müller-Everling and Leonardo Mosso can only be called a lucky coincidence because art doesn't furnish the architecture but the architecture does understand itself as art. Thus, aside from the functional as an irrevocable part of the architecture, the free thinking of the artists could be integrated and even used in an enhancing manner. The question was no longer autonomy or utilization, idea or design, tradition or future, but a self-understood experimentation for the benefit of the users.

This statement is important because it shows that all of the ideas of the artists involved were targeted at covering the entire property with a challenging character in order to present to the user not the beauty of a copy, the repetition of something familiar, but to work out a synthesis of design in which architecture, landscaping and information systems can integrate into art in an exemplary and unique way. It's self-understood that the attempt to articulate the aesthetics of our times was made, but it wasn't put on top of the terrain like a decorative; instead, with the art it wanted to find points of orientation and the resulting readability in order to support the functions of the terrain and the buildings. The concept of a humanization of the professional world – for relaxation and observation and experience – is connected with this through the formation of separate areas in a different way and yet in relation with one another.

Eberhard Fiebig's stele is a special accent – floating above the water and, so-to-speak, ecologically integrated. Leonard Mosso's three-dimensional light sculptures, instead of the common light ceilings, are a sensible utilization of the necessity of lighting through the means of art. Integrating architecture with the landscape is the opening-up of the landscape into an architecture that turns nature inside out towards the top, allowing light to enter thus forming an architecture that can be experienced and used in a new way.

An avantgarde installation has been created in Bonn which, in the harmony of the arts, reveals the fact that the avant-garde – a truly militant expression – can also act positively in a team environment. The arts in our century suffer, like the whole of society, from a division of labor. One person no longer knows what the other is doing, everyone feels at times like a small cog in a big machine. This has come through also in the arts, especially in the realm of art in architecture, art in space, in public space. One no longer relates to the other. Now we have this example in Bonn which may very well set a precedent. This is exactly what we would wish for, although the idea of the Defense Ministry defending the avant-garde may seem rather unusual to an aesthetically aware person. The examples found on Hardthöhe, however, prove that we can learn to see things differently and that a change in thinking is what is urgently needed.

Johannes Peter Hölzinger

Dazwischen
In-between

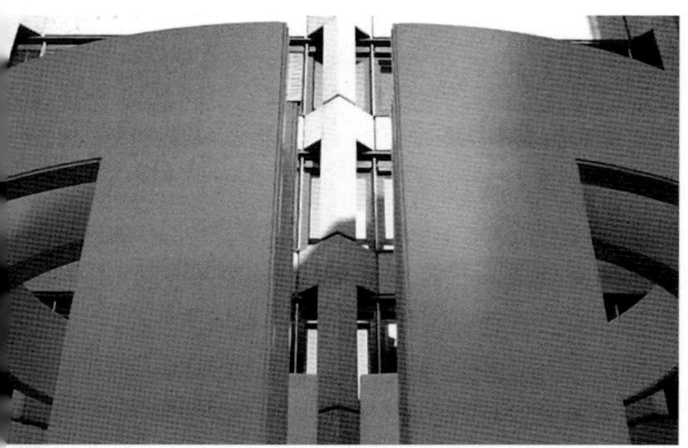

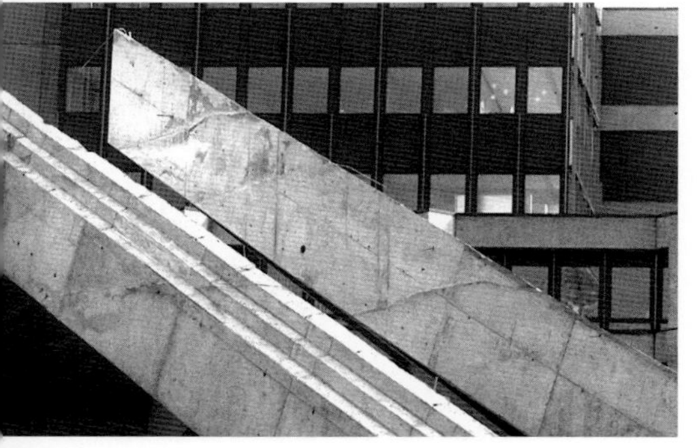

Zum Konzept der Verbindung von Architektur, Kunst und Landschaft

Das Netz der Bürobauten, die Elemente des visuellen Leitsystems, die Erdklappungen der Sonderbauten und die Objekte und Standorte der Kunst in den Außenanlagen bilden zusammen ein Geflecht bildnerischer Reaktionen.

Das visuelle Leitsystem

Ausgelöst durch die gleichförmig-serielle Strenge der bestehenden Bürobauten, die von der Idee der in den 70er Jahren erstrebten Flexibilität durch die Verwendung gleicher, addierbarer Einheiten geprägt sind, sucht das visuelle Leitsystem seine bildnerische Position zwischen Annäherung und Gegensatz. Gegenüber der Architektur der Bürobauten sind die unterschiedlichen Form- und Farbelemente des visuellen Leitsystems freier verwendet. Sie lösen sich von der im Grundriß und Aufriß orthogonal organisierten Architektur und vermitteln zwischen dieser und den Formen der Sonderbauten sowie der Kunst in den Außenanlagen.

Die Sonderbauten

Das nicht ausgeführte Konferenzzentrum und das nun fertiggestellte Kasino bezeichnen Anfang und Ende der Gebäudegruppe der Bürobauten. Die winkelförmigen Aufklappungen der Erdhaut nehmen die Winkelstruktur aus dem visuellen Leitsystem auf und verbinden sich der umgebenden horizontalen Landschaftsfläche. Als Zwischenform von Landschaft und Architektur kontrastieren die Sonderbauten mit ihren diagonalen und vegetabilen Oberflächen zu den orthogonal gerasterten, technischen Fassaden der sie umgebenden Bürobauten.

Die Kunst in den Außenbereichen

Die Strukturierung des Kunstwettbewerbs mit einer das gesamte Gelände der Neubauten überziehenden „Partitur" grafischer Zeichen für thematische Vorgaben und räumliche Positionen eröffnete die Chance, Kunst und Landschaft, Kunst und Architektur aufeinander-zu-zudenken. Die Objekte der Kunst und ihre Standorte in den Außenbereichen übernehmen Funktionen der Vermittlung zur umgebenden Natur, der

On the concept of connecting architecture, art and landscape

The network of the office buildings, the elements of the visual orientation system, the earth-openings of the special buildings and the objects and locations of the art in the outdoor complexes together form a network of artistic reactions.

The visual orientation system

Initiated by the evenly shaped serial strictness of the existing office buildings, which are marked by the concept of the flexibility striven for during the seventies through the use of uniform, addon units, the visual orientation system seeks its artistic position between approach and contrast. Opposed to the architecture of the office buildings, the various form and color elements of the visual orientation system have been used more freely. They detach from the orthogonally organized architecture of the ground plan and elevation, mediating between it and the forms of the special buildings, as well as with the art in the outdoor complexes.

The special buildings

The unrealized conference center and the now-completed cafeteria mark the beginning and the end of the office building complex. The angular openings of the earth membrane take up the angular structure from the visual orientation system and connect with the horizontal surface of the surrounding landscape. A form located somewhere between landscape and architecture, the special buildings with their diagonal and plant-like surfaces create a contrast to the orthogonally structured, technical façades of the nearby office buildings.

Art in the outdoor areas

The structuring of the art competition with a „score" of graphic signs for thematic preconditions and spatial positions stretching across the entire terrain of the new buildings opened up the opportunity to consider art and landscape, art and architecture overlapping one another. The art objects in the outdoor areas and their placement function as mediators

Hinführung zur Gebäudeanlage und der Orientierung: Die Baumkonstruktionen der Tribüne von Sobeck, Hörl/Formalhaut setzen das Motiv der natürlichen Baumreihen fort, die drei Orte von Ansgar Nierhoff akzentuieren die Wegeführung von der Südwache zur Gebäudeanlage und die gefaltete Säule von Eberhard Fiebig im See vor dem Kasino ist fernwirksames Umleitobjekt aus der Fußgängerachse von der Nordwache zur Sicht- und Gebäudeachse des Kasinos.

Die Verbindung von Architektur und Kunst

Untrennbar verbunden sind Architektur und Kunst im Kasino. Mit dem Künstler Norbert Müller-Everling ist es gelungen, sein im Wettbewerb in die Glasröhre des Zugangssteges eingedrehtes Spiralobjekt zu einem räumlich-dynamischen Gebäudeteil werden zu lassen, und mit Leonardo Mosso wurden seine metallenen Netzstrukturen zu räumlichen, konfigurierenden, farbigen Neon-Licht-Systemen entwickelt. Das Ergebnis ist nicht Architektur plus Kunst, sondern Kunst als funktional unverzichtbarer Teil der Architektur.

Autonomie oder Funktionalisierung

Die so aus freier bildnerischer Praxis gewonnene und auf die Bedingungen des Umfelds reagierenden Formfindungen der Kunst sind notwendig für das Zusammenwirken von Kunst und Gesellschaft. Sie sind eine Gegenposition zur autonomen, rekursiven, nur auf sich bezogenen Kunst, „die das Prinzip ihrer Experimente wie selbst noch ihrer Brüche mit der Tradition ausschließlich in ihrer eigenen Geschichte findet" (Pierre Bourdieu). Für den Weg zu einer Kunst des öffentlichen Raumes ist der Diskurs des Entweder/Oder, entweder Autonomie oder Anwendung, wenig fruchtbar. Fruchtbar hingegen kann die Wechselbeziehung zwischen freier und angewandter Kunst sein, in der sich die Erkenntnisse aus der freien grundlagenforscherischen Arbeit mit den gesellschaftlichen, stadträumlichen und architektonischen Bedingungen verbinden. Auf diese flexible Zone zwischen den verhärteten Polarisierungen zielt auch die These von Hilmar Hoffmann, wenn er sagt: „Katalytische Prozesse kommen nur in der Konfrontation der Gedanken in Gang. Die Künste werden ihren Beitrag zur Zunkunftsicherung leisten können, wenn sie sich in Grenzgängen üben und den Kontakt mit der Gesellschaft nicht verlieren."

for the surrounding nature, as guides towards the building complex and as a means for general orientation: the tree constructions of Sobeck/Hörl/Formalhaut's tribune continue the motif of the natural rows of trees; the three locations of Ansgar Nierhoff accentuate the course of the path from the south security station to the building complex, and Eberhard Fiebig's fallen stele in the lake outside the cafeteria is an engaging object, effective even from a distance, guiding one from the pedestrian axis from the north security station to the visual and building axis of the cafeteria.

The connection of architecture and art

Architecture and art are inseparably connected in the cafeteria. Together with the artist Norbert Möller-Everling, we succeeded in making his spiral object, which was turning inside the glass tube of the access bridge during the competition, into a spatially-dynamic building component; together with Leonard Mosso, his metal network structures became spatial, configuring and colorful neon light systems. The result is not architecture plus art but art as a functional, indispensable component of the architecture.

Autonomy or functionalization

The gestalt of the art thus gained through a free artistic practice and reacting to the conditions of the environment are necessary for the interplay of art and society. They are a counterbalance to the autonomous, recursive art that relates only to itself, that „finds the principle of its experiments and even its breaks with the tradition that is specific to its own history" (Pierre Bourdieu). The discourse of the either autonomy or application is not a very fertile path towards an art of the public space. However, what be fertile is the interaction between the free and the applied art in which the insights from the free, principle-exploring work with the societal, urban-spatial and architectural conditions connect. Hilmar Hoffmann's thesis also takes aim at this flexible zone between the hardened, polarized positions when he states: „catalytic processes can begin only with the confrontation of thoughts. The arts will be able to make their contribution to a securing of the future if they practice the crossing of borders and don't lose contact with society."

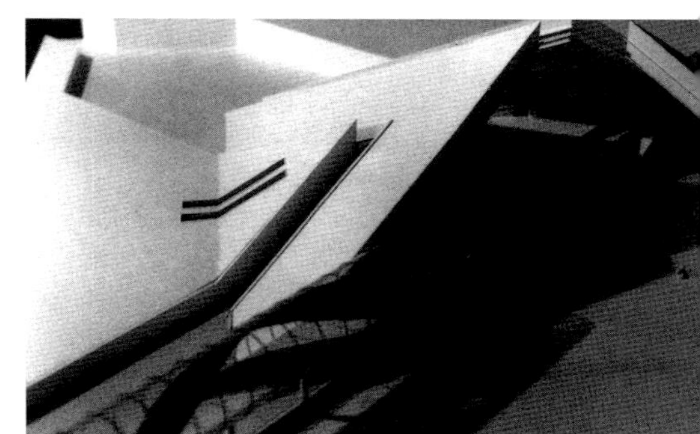

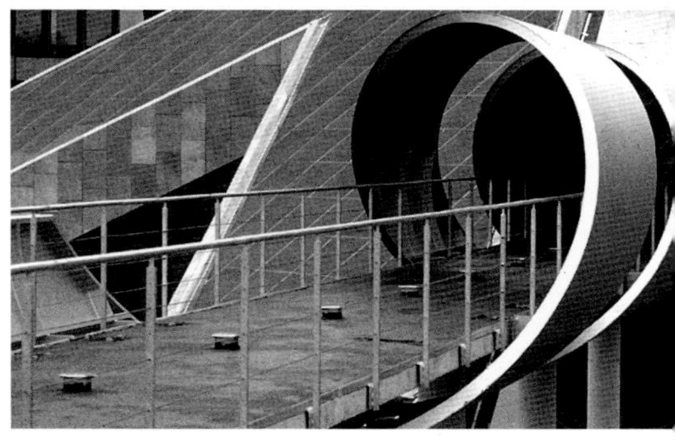

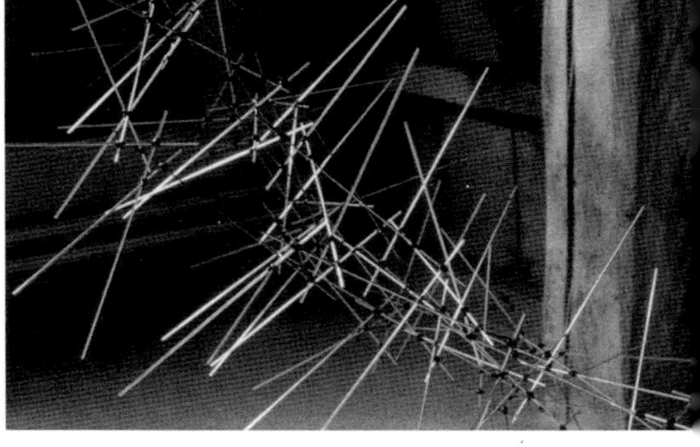

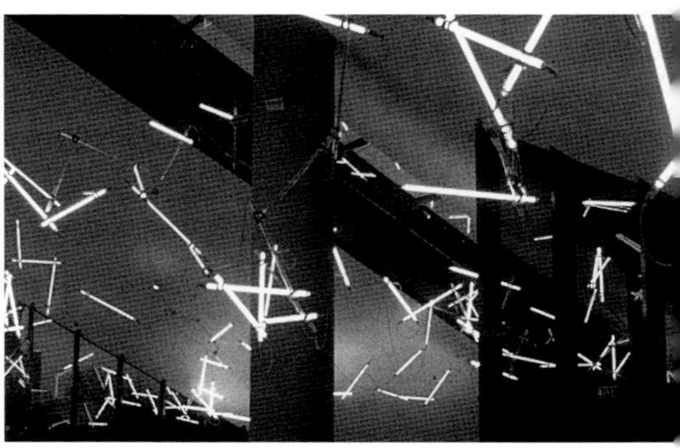

Die Suche nach neuen Ordnungen

In diesem Sinne ist das Konzept der Versuch einer Ordnung des Differenten.

In einer Welt der verselbständigten Systeme kann eine auf der Idee der Einheit beruhende traditionelle Verbindung von Kunst und Gebäuden, von Kunst und öffentlichem Raum – wie sie in vergangenen Epochen mit einheitlich gesellschaftlichen und ästhetischen Grundlagen noch möglich war – heute keine Metapher für unsere gesellschaftliche Wirklichkeit mehr sein.

Stattdessen können heterogene künstlerische Positionen, wenn sie aufeinander reagieren und in ihrem Zusammenwirken ein Schema für differenzierte Beziehungsstrukturen aufzeigen, durchaus einen Aspekt gesellschaftlicher Zukunft vermitteln.

The search for new systems

In this sense, the concept is the attempt at organizing the disparate.

In a world of independent systems, a traditional combination of art and buildings, art and public space – as was possible in past epochs with uniform societal and aesthetic principles – can no longer be a metaphor for today's social reality.

Instead, heterogeneous artistic positions, if they react to one another and show a scheme for differentiated structures of relationships in their interaction, can actually mediate an aspect of a societal future.

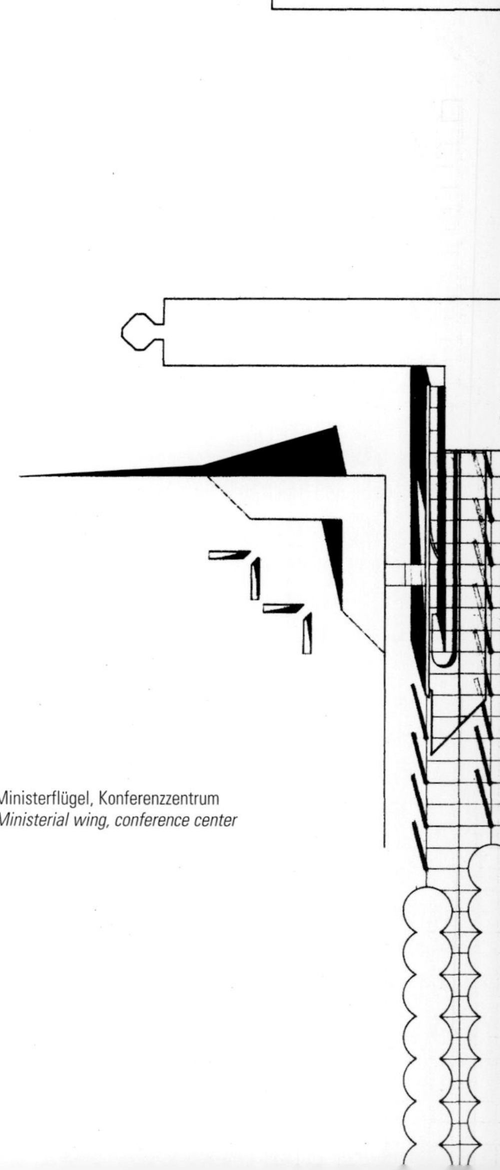

Ministerflügel, Konferenzzentrum
Ministerial wing, conference center

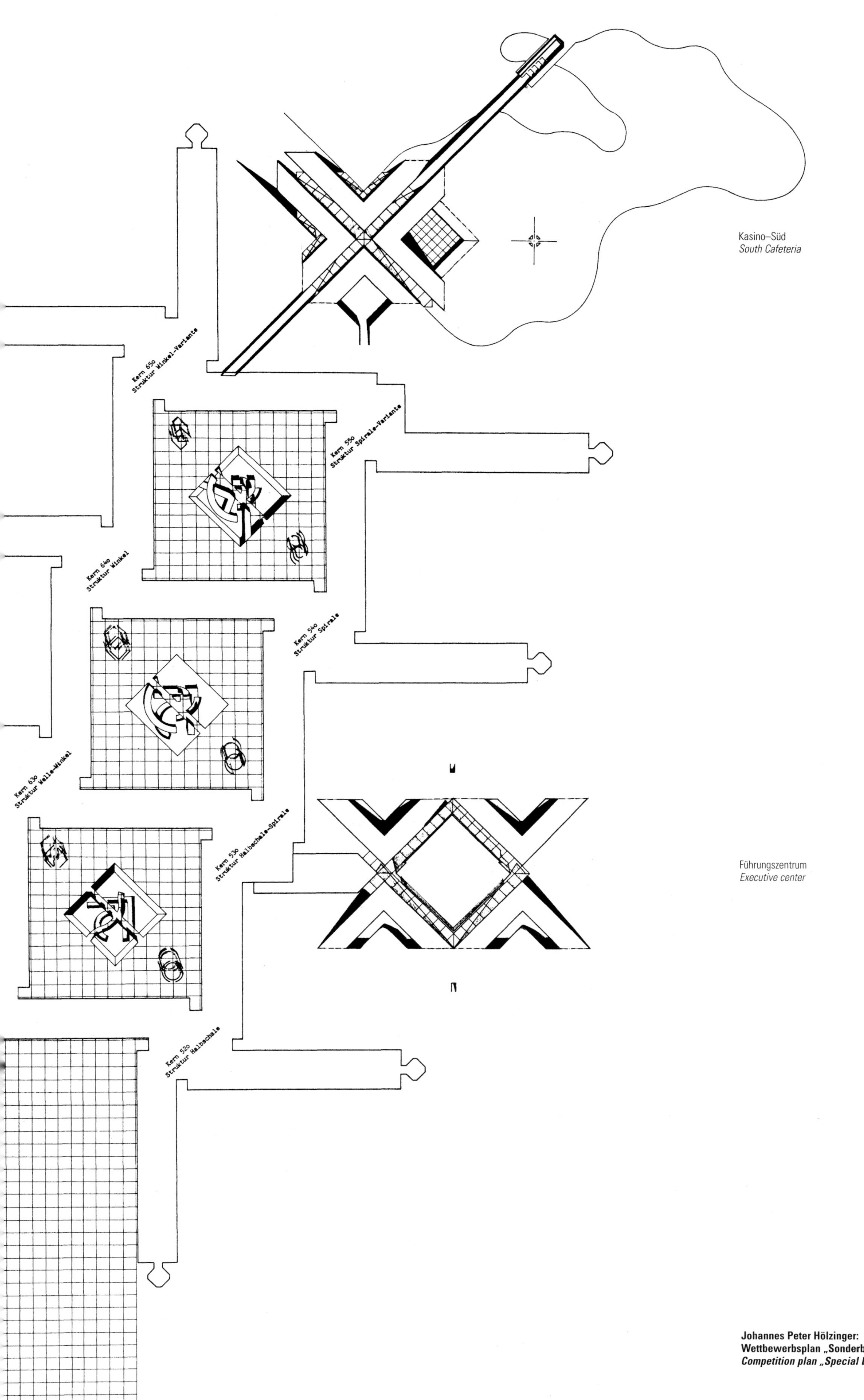

Johannes Peter Hölzinger:
Wettbewerbsplan „Sonderbauten"
Competition plan „Special Buildings"

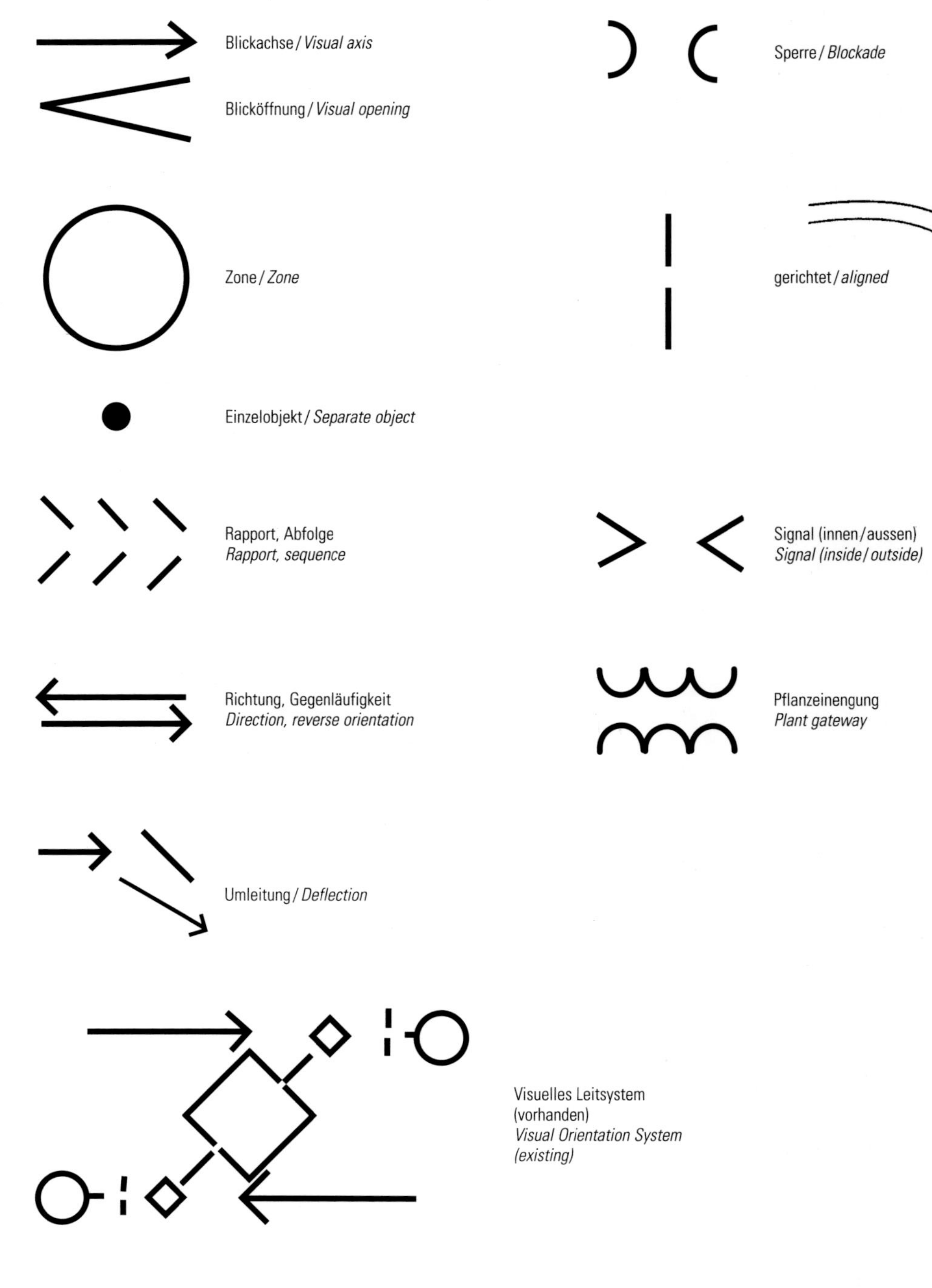

Der Kunstwettbewerb
The art competition

Die Orte und ihre Thematisierung
The locations and their themes

	Strukturierung des Kunstwettbewerbs		*Structuring of the art competition*
2.1	Verteilerplatz – Entrée, gleichzeitig Ausgangspunkt der Blick- und Wegeachse	*2.1*	*Distribution square – simultaneously a starting point of the visual and pathway axis*
2.2	Baumreihe, Fussweg. Im Sinne eines Bewegungsmotivs als „Zeit"-Strecke erlebbar zu machen	*2.2*	*Row of trees, pedestrian pathway. To be experienced in the sense of a movement motif as a „timed"-distance*
3.1	Verdeutlichung der Umleitung, z. B. durch Veränderung im Vorbeigehen	*3.1*	*Clarification of the deflection, e. g., through trans formation when passing by*
4	Tribüne – Ergänzung der Baumreihe mit bildnerischen Mitteln	*4*	*Tribune – complementing the row of trees through artistic means*
5.1	Steg durch das Kasino – Visualisierung der Lauffunktionen	*5.1*	*Bridge through the cafeteria – visualization of the walking functions*
5.2	Objekt im See – senkrechtes Objekt mit Hinweischarakter. Umlenkungspunkt der Sicht- und Gebäudeachsen	*5.2*	*Object in the lake – vertical object with directional character. Deflection point of the visual and buil ding axes*

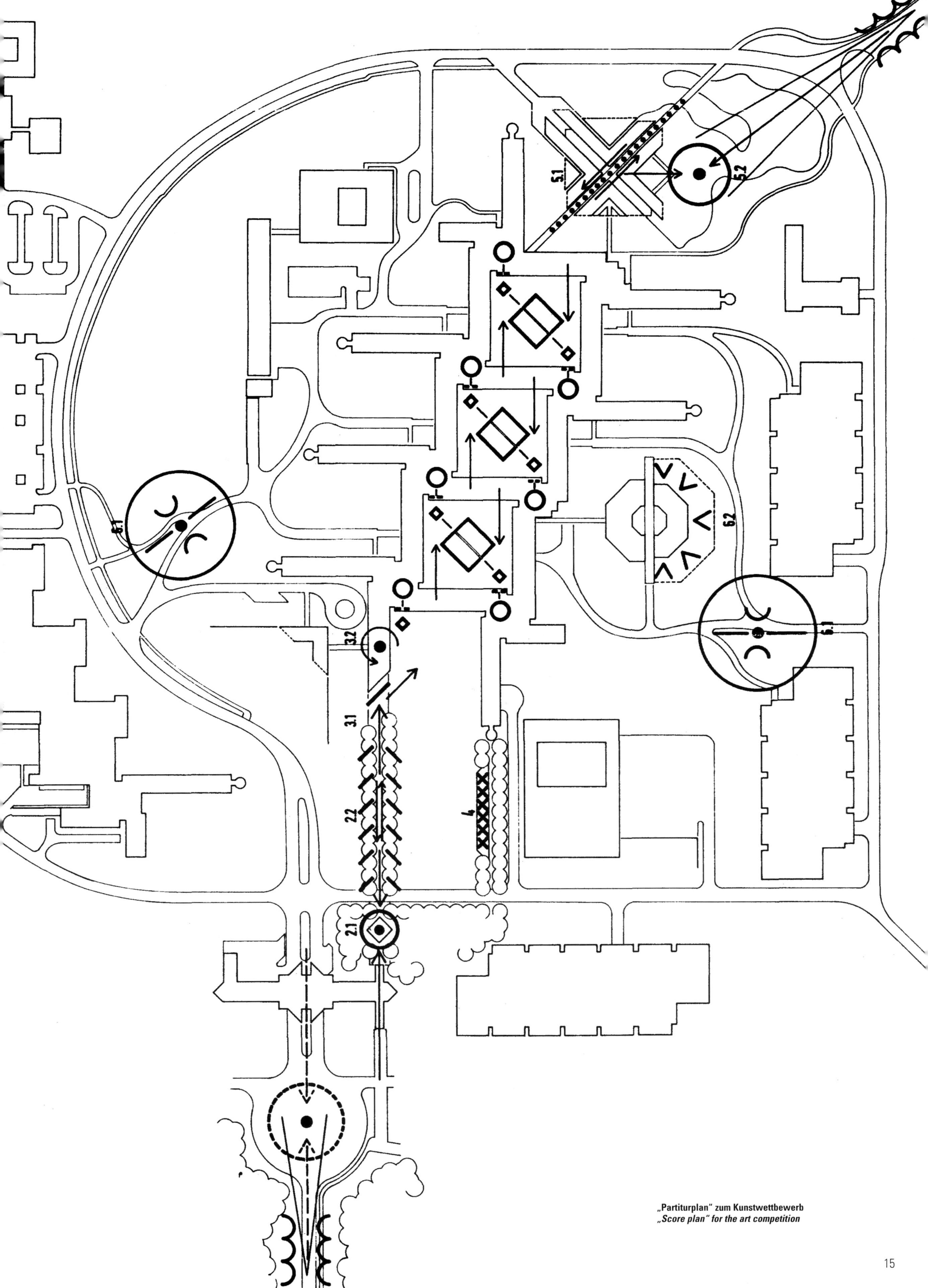

„Partiturplan" zum Kunstwettbewerb
„Score plan" for the art competition

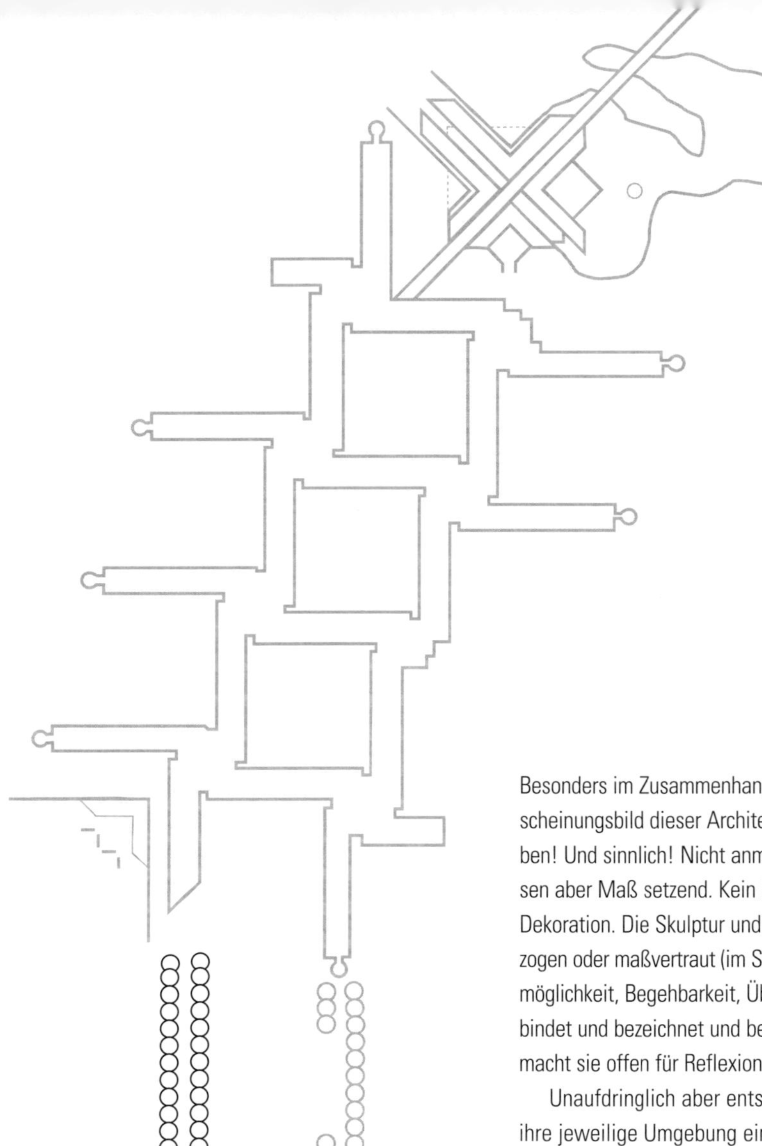

Ansgar Nierhoff

Drei Orte
Three places

„Wächter", 1993, Stahl, 2teilig, 2,08 x 0.47 x 0,46 m
„Guard", 1993, steel, 2 pieces, 2.08 x 0.47 x 0.46 m

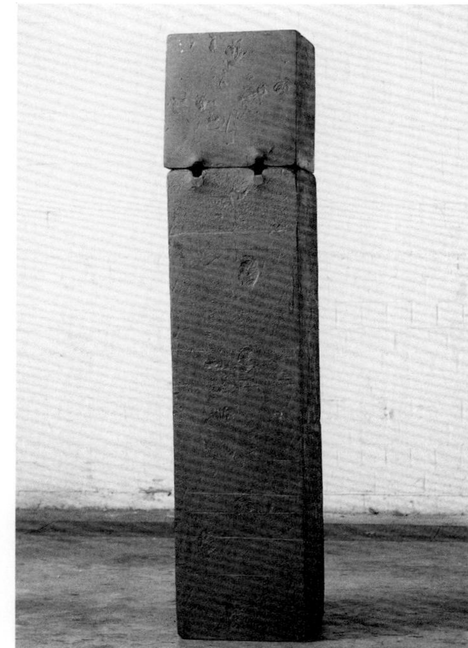

Besonders im Zusammenhang mit der Nutzung und dem Erscheinungsbild dieser Architektur sollte die Kunst weiblich bleiben! Und sinnlich! Nicht anmaßend, eher bescheiden, stattdessen aber Maß setzend. Kein Bedarf für Potenz-Symbole oder Dekoration. Die Skulptur und ihre Abmessungen sind körperbezogen oder maßvertraut (im Sinne von Reichhöhe, Umfassungsmöglichkeit, Begehbarkeit, Überschaubarkeit). Der Entwurf verbindet und bezeichnet und bespielt drei unterschiedliche Orte, macht sie offen für Reflexion und (Gedanken)-Spiel.

Unaufdringlich aber entschieden sind die Ensembles in ihre jeweilige Umgebung eingefügt, nehmen achsiale Bezüge auf, tragen selbst dazu bei, daß Ruhe und Besinnung durch sie möglich werden, regen zu Überlegungen an. Wo erforderlich, sind die geplanten Baumreihen aufgerissen.

Die drei Orte sind in sich abgeschlossene und „plausible" skulpturale Erlebnisräume. Über die Allee sind sie aber durch die Ordnung ihrer plastischen Elemente und deren gemeinsamen Charakter in loser Verbindung. Keine der Setzungen ist beliebig oder könnte ausgetauscht werden.

Der Platz – das Spiel mit Möglichem

Die Bramme ist Sekante, ihre Teile sind aus einem. In der vertieften Kreisfläche ist sie Schwelle und liegt rechtwinklig zur Allee. Eine Kugel ist bereits im Spiel, drei weitere sind Potential.

Der Ort der vier Säulen

Die Diagonale im Bereich der vier Säulen richtet sich auf den „Auslauf" des Konferenzzentrums. Sie wird deutlich im Belag der Allee und im gleichen Material ausgewiesen. Mit Bedacht läuft sie 45 Grad abgewinkelt nach links. Sie balanciert so die Abwinklung der Umlenkwand nach rechts aus. Die Säulen bestehen aus je sieben allseits und freiformgeschmiedeten Quadern. Diese werden miteinander durch Dorne verbunden. Der ruhige Ort der vier Säulen gerät nur durch die möglichen Bezüge zu den anderen Skulpturen in Verbindung und Bewegung. Wahrnehmen und Erinnern werden sozusagen visuell angezettelt. Die enge Aufstellung der Säulen im Verhältnis zu den Allee-bildenden Bäumen kann als Ventil, aber auch als Sog empfunden werden.

Especially in the context of the utilization and the appearance of this architecture, the art should remain feminine! And sensual! Not pretentious, but modest setting a scale instead with no need for symbols of potency or ornamentation. The sculpture and its dimensions relate to the body or to familiar measurements (in the sense of height to reach, the possibility of embracing, accessibility and clarity). The design connects and describes and plays with three different places, opens them up for reflection and (mind) play.

The ensembles are integrated into their environment in an unobtrusive yet decisive way; they take on axial relations and contribute to the possibility of calm and contemplation; they stimulate thought. Wherever necessary, the planned rows of trees are interrupted.

The three places are finished in themselves and „plausible" sculptural spaces of experience. Via the avenue, however, they are placed in a loose connection due to the order of their sculptural elements and their common character. None of the placements is arbitrary nor could they be swapped.

The plaza – playing with the possible

The slab is a secant, its parts are made of one. In the lowered circle, it is a threshold and is situated at a right angle to the avenue. One sphere is already part of the game. The three others are potential players.

The place of the four columns

The diagonal in the area of the four columns is oriented towards the „run-out" of the conference center. It becomes clear in the surface of the avenue and appears in the same material. It carefully runs towards the left at an angle of 45 degrees. Thus, it balances the angle of the wall towards the right. The columns each consist of seven roughly welded cuboids and are connected with spikes. The calm location of the four columns only starts to connect and move due to the potential relationships with the other sculptures. Perception and memory are visually stimulated. The tight placement of the columns in relation to the avenue-forming trees can be perceived as a kind of valve, but also like a vacuum or magnet.

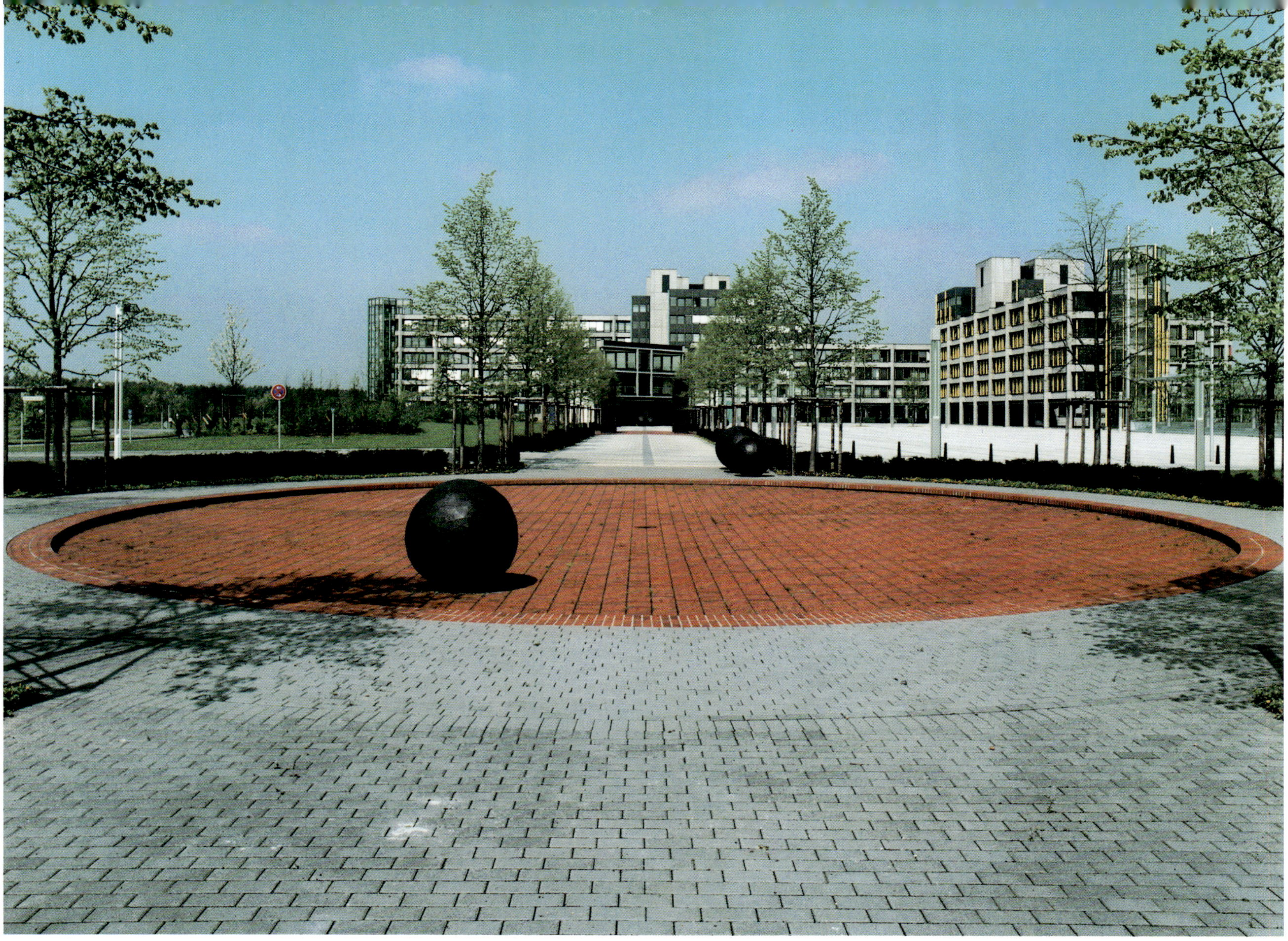

Erster Ort/ *First place*

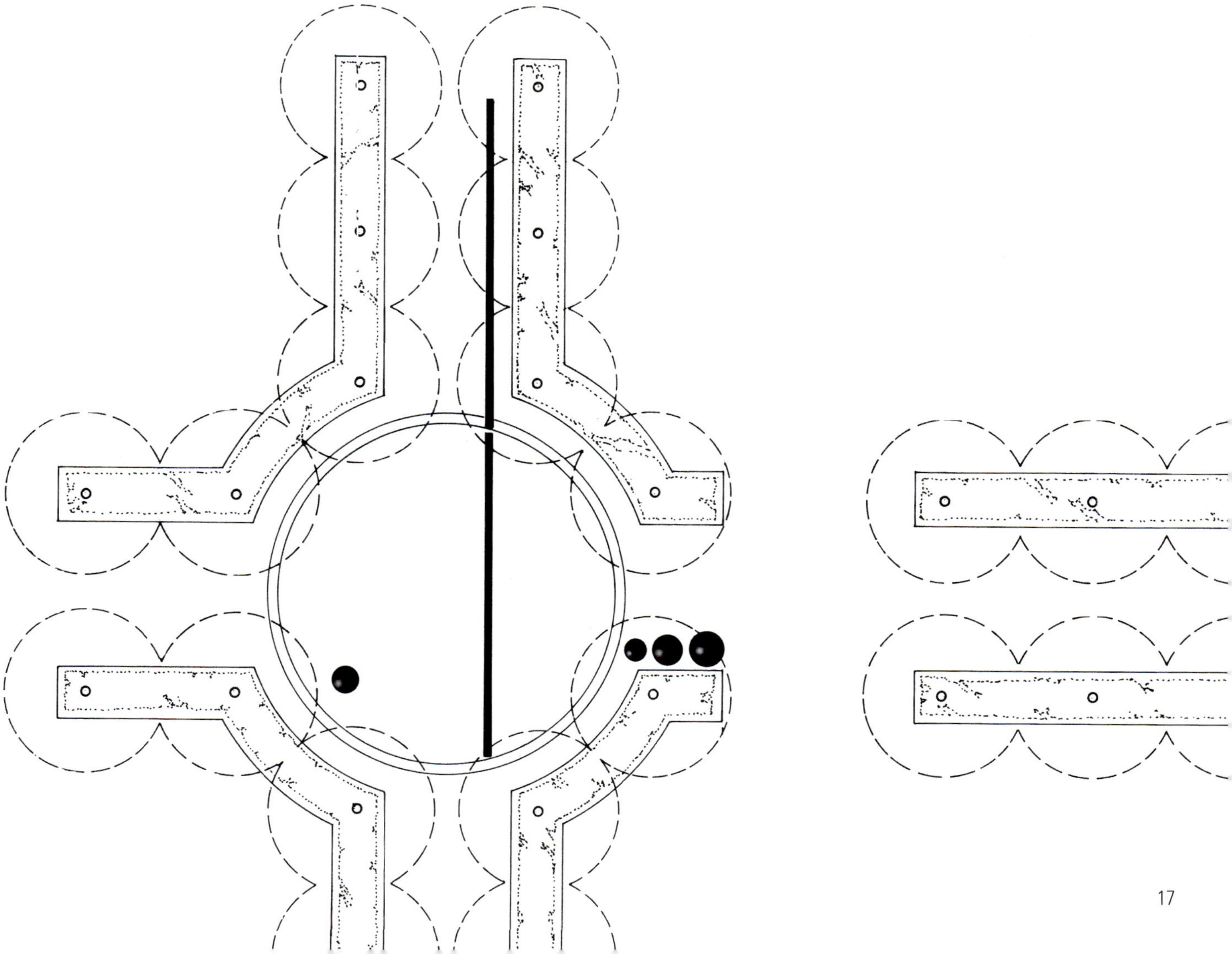

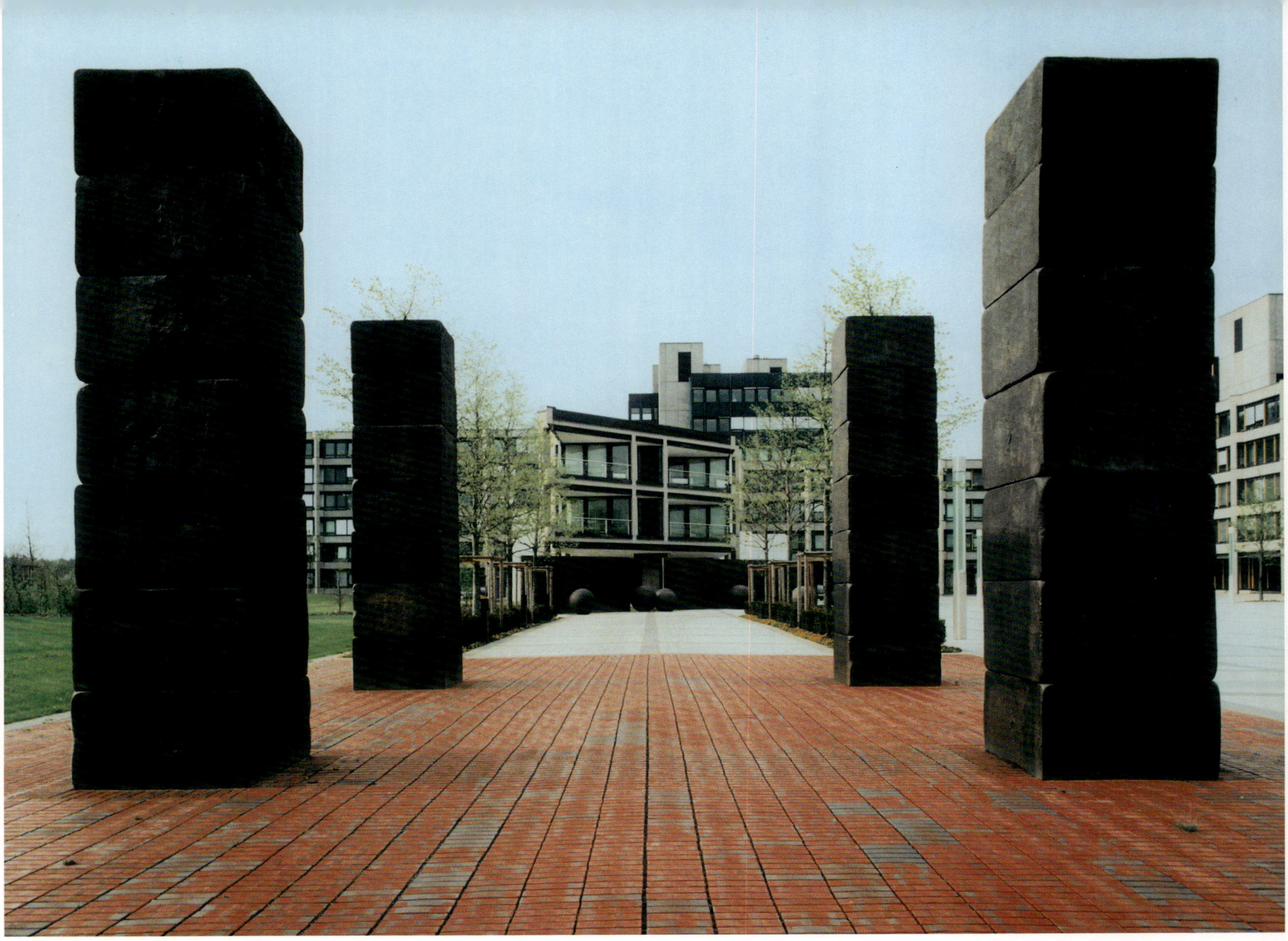

Zweiter Ort/ *Second place*

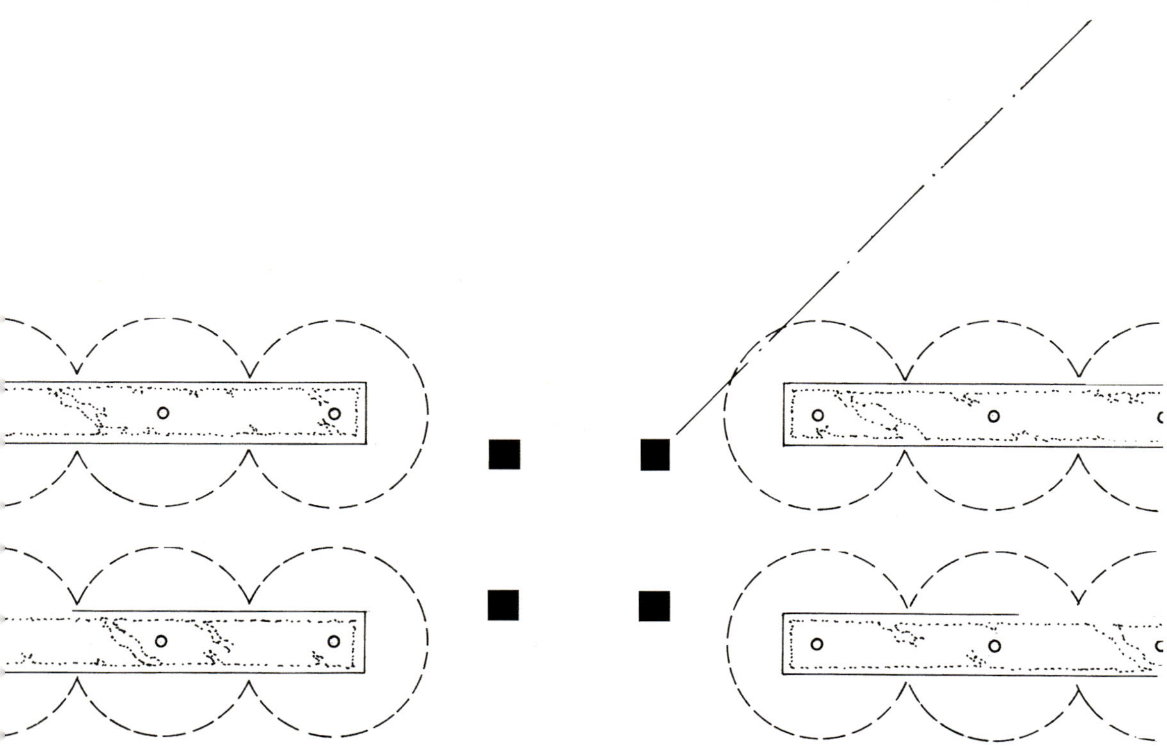

Die Wand

Sie ist geöffnet, tatsächliches Hindurchgehen wird durch gelagerte Kugeln verhindert. Diese und weitere haben spielend aber bestimmt und im Verhältnis zur Wand ihren Ort. Das Zusammenwirken lenkt Blick und Bewegung. Die Skulpturen begründen sich aus Erlebnissen, sie bauen über „Etappen" Spannung und Bedeutung auf. Das geschieht von der Mulde über den Ort bis hin zur Wand auf eine Distanz von ca. 145 m ausschließlich mit skulpturalen Mitteln. Die entstehende Spannung, die auch bei umgekehrter Reihenfolge der Ereignisse (Wand – Ort – Mulde) erfahren wird, speist sich aus Sinnlichkeit und durchdringendem Wahrnehmen.

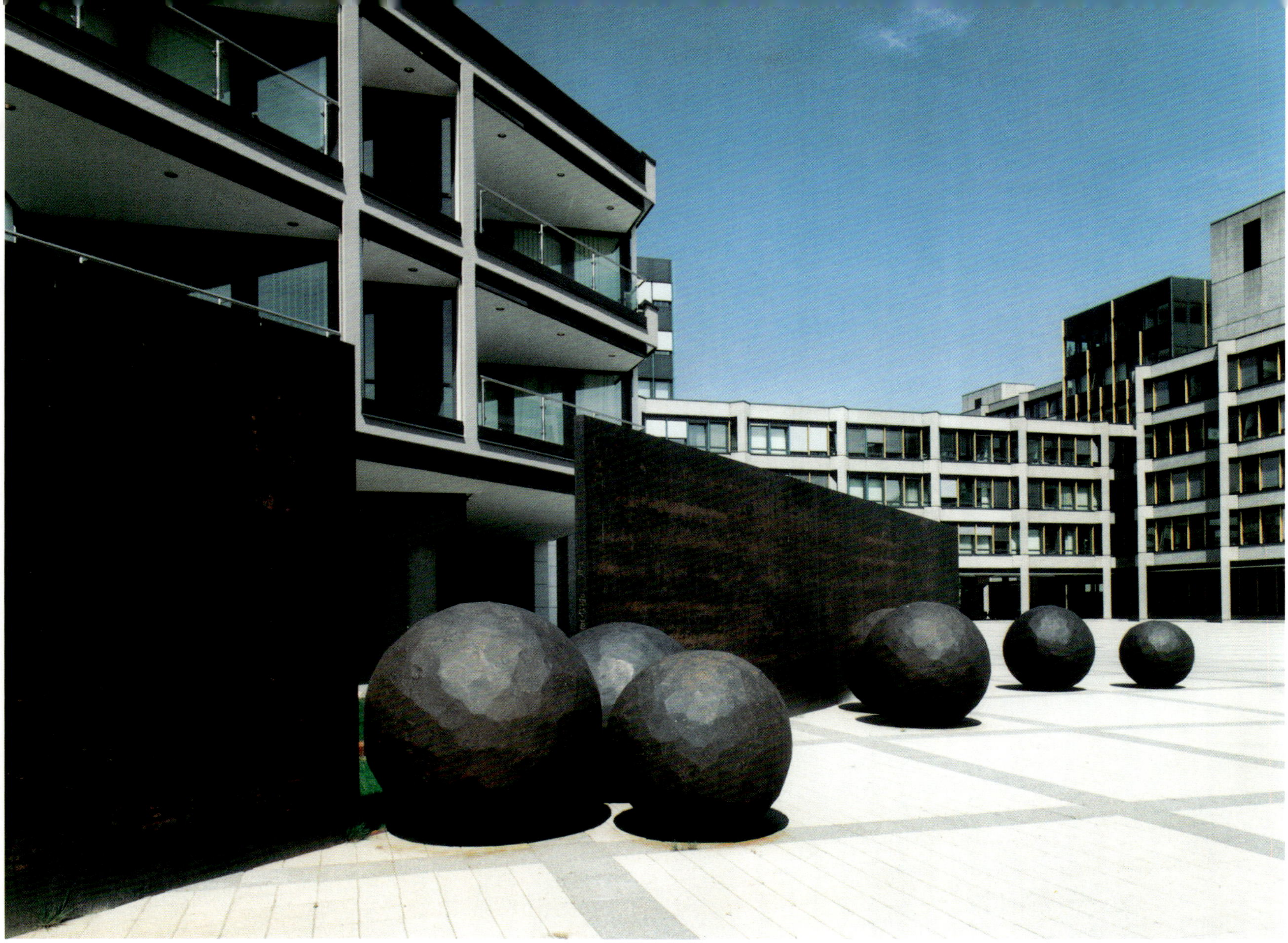

Dritter Ort/ ***Third place***

The wall

It has an opening. One could pass through, but this is prevented by the placement of the resting spheres. These and others are arranged in a playful yet decisive way and are positioned in relation to the wall. This interaction guides the eye and also ones movement. The sculptures evoke experiences, they create suspense and meaning via „stages". This happens exclusively through sculptural means, from the depression to the place to the wall, over a distance of c. 145 m. The suspense that comes into being and is experienced even in reverse order of events (wall – place – depression) is fed by sensuality and a penetrating perception.

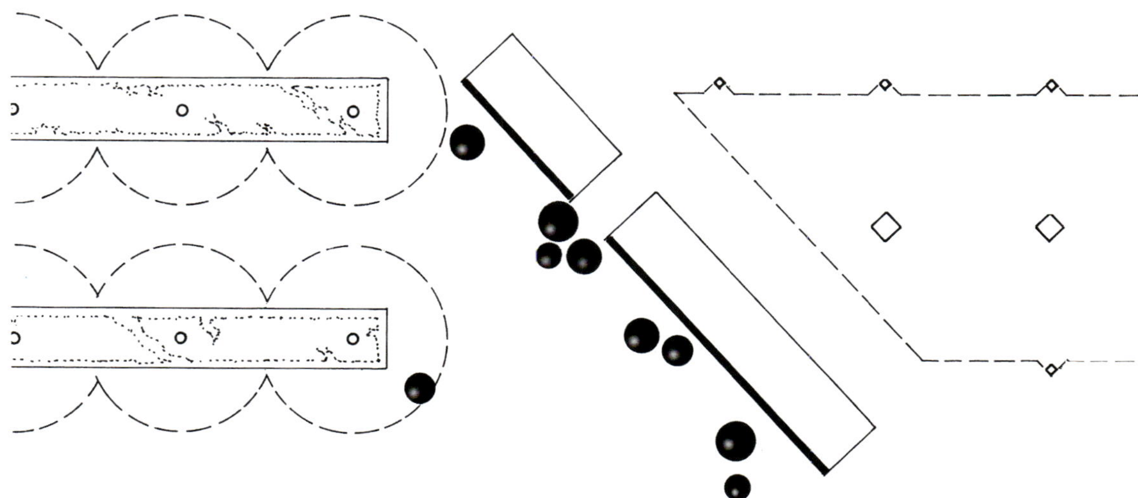

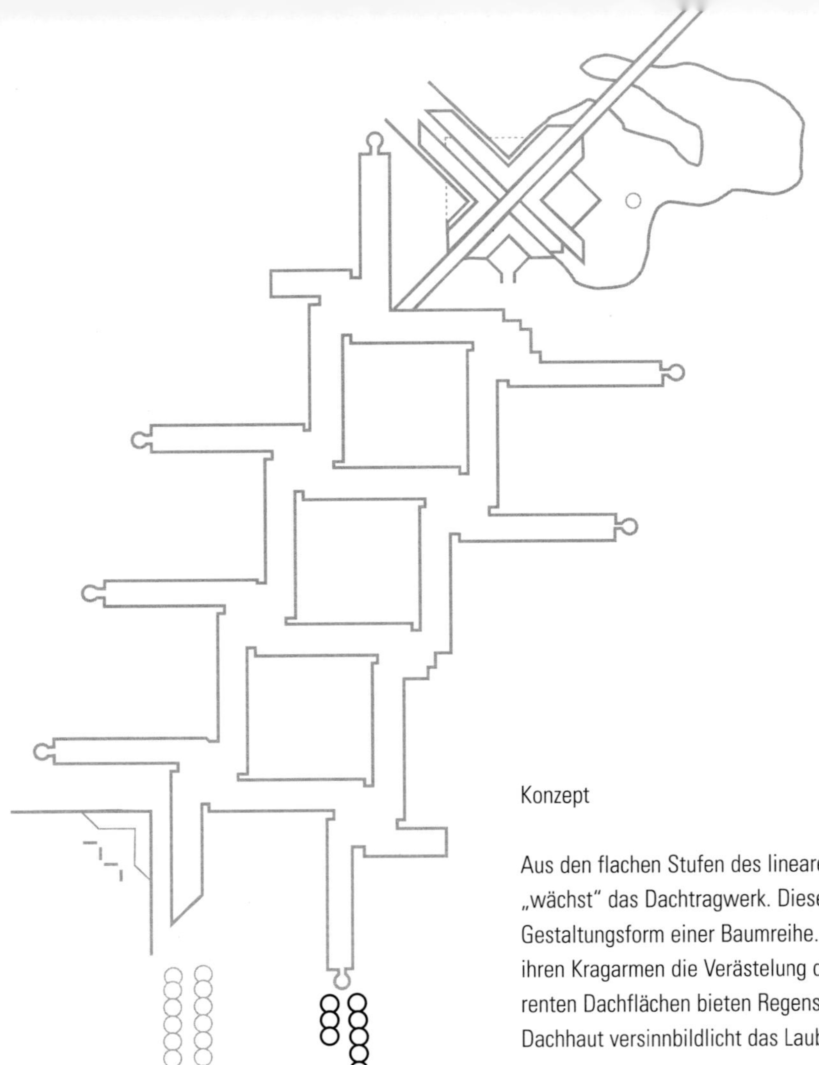

Ottmar Hörl
Andreas Sobeck
Formalhaut (Hörl / Seifert / Stöckmann)

Tribüne
Tribune

Ottmar Hörl: „Ohne Titel", 1982,
Ottmar Hörl: „Untitled", 1982,

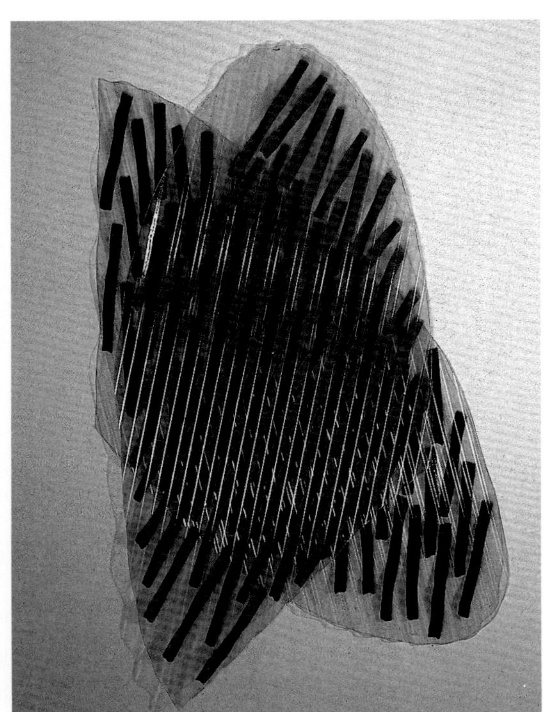

Konzept

Aus den flachen Stufen des linearen Tribünenpodiums „wächst" das Dachtragwerk. Dieses Dach thematisiert die Gestaltungsform einer Baumreihe. Die Konstruktion stellt mit ihren Kragarmen die Verästelung der Bäume dar. Die transparenten Dachflächen bieten Regenschutz. Die Bemalung der Dachhaut versinnbildlicht das Laub der Bäume.

Concept

The supporting roof structure „grows" out of the flat steps of the linear terraced podium. This roof adopts the theme of the design form of a building row. The construction with its cantilevered arms represents the branching of the trees. The transparent roof surfaces offer some protection from the rain. The painting on the roof shell symbolizes the foliage of the trees.

Konstruktion

Das Podium ist eine mit Aluminiumriffelblech beplankte Stahlunterkonstruktion. Die verzinkte Dachkonstruktion trägt Sinusprofilplatten aus Acrylglas. Diese Platten sind bildnerisch mit blauen und grünen Farbstreifen (pinselbreit) bemalt.

Construction

The podium consists of a steel base construction covered with channeled aluminum metal sheets. The zinc roof construction supports the acrylic profile panels. These panels are painted with blue and green ribbons of colors (at the width of the used brush).

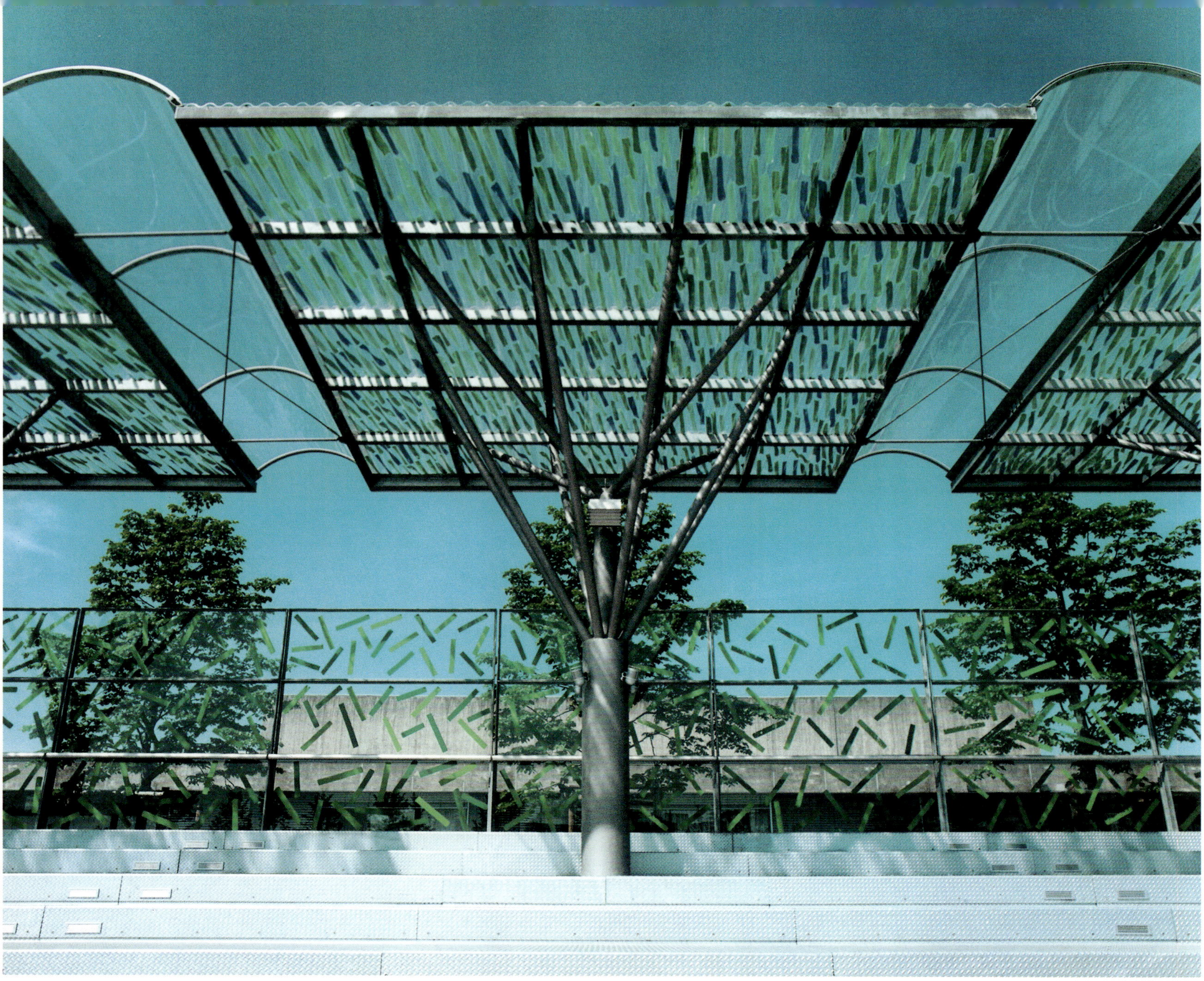

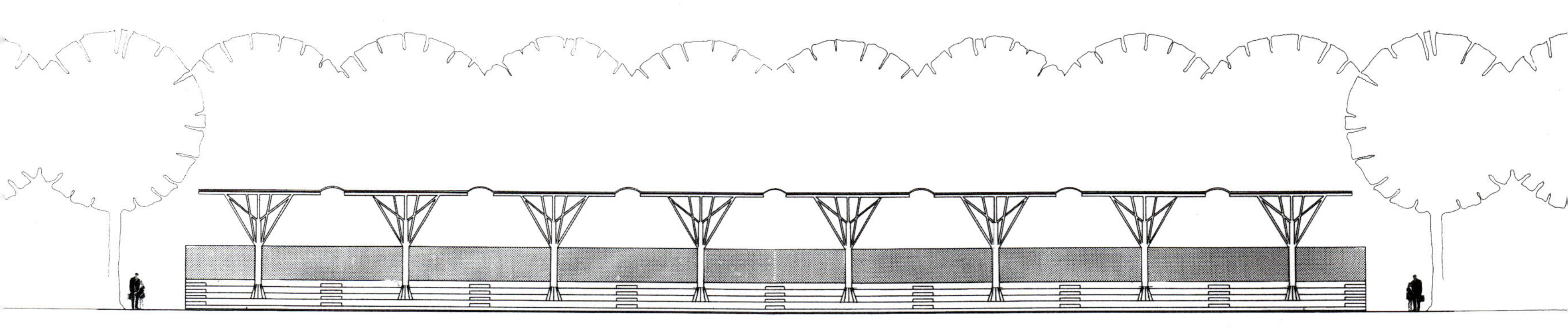

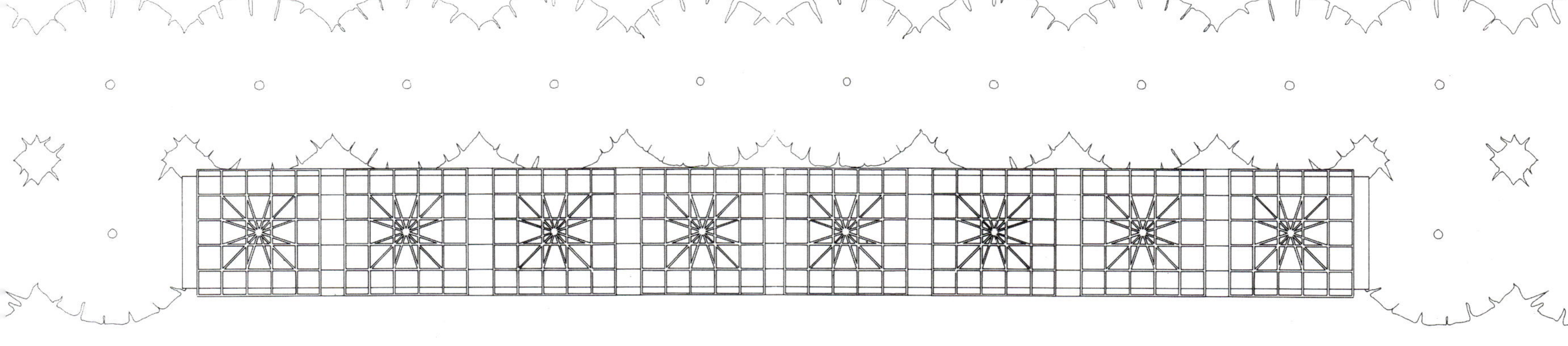

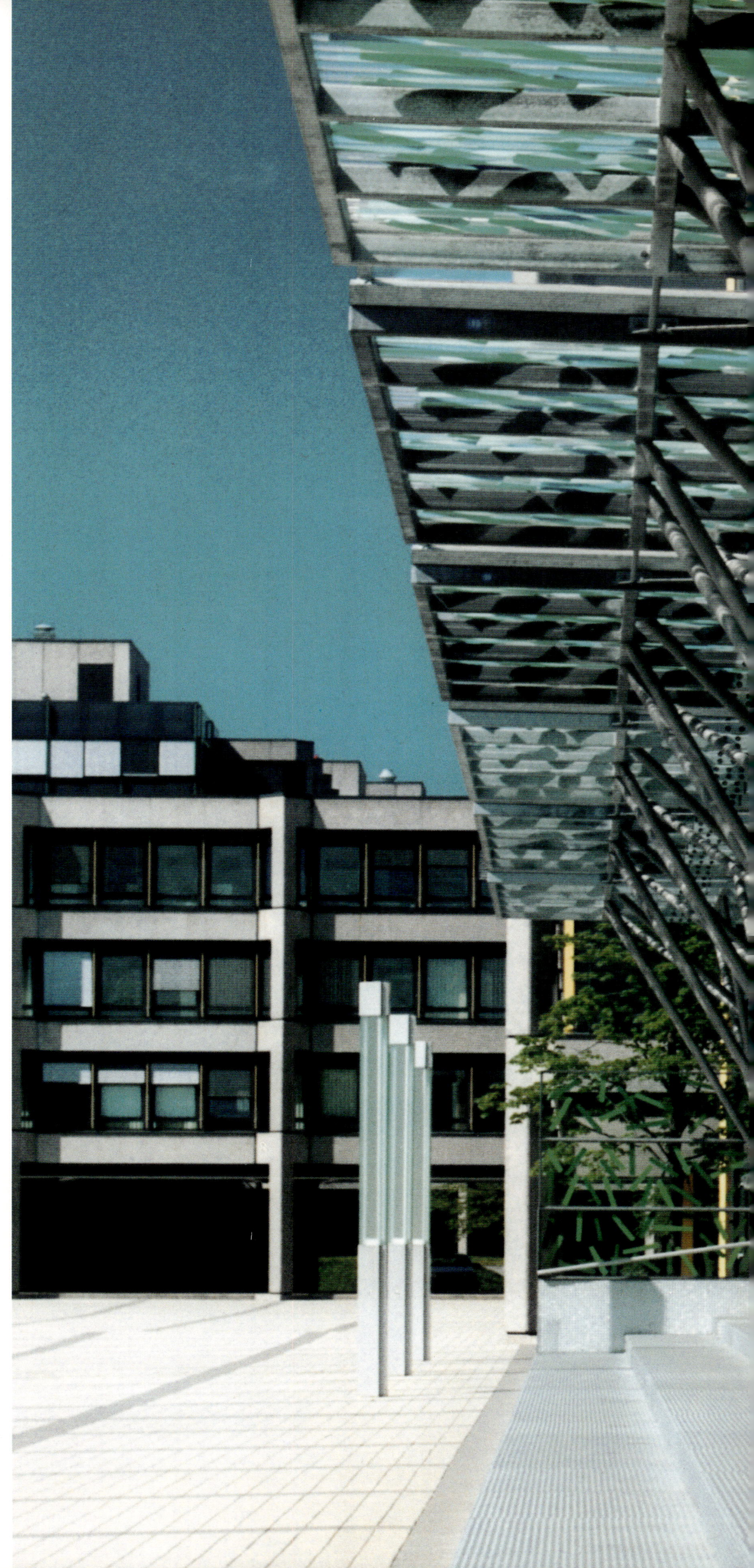

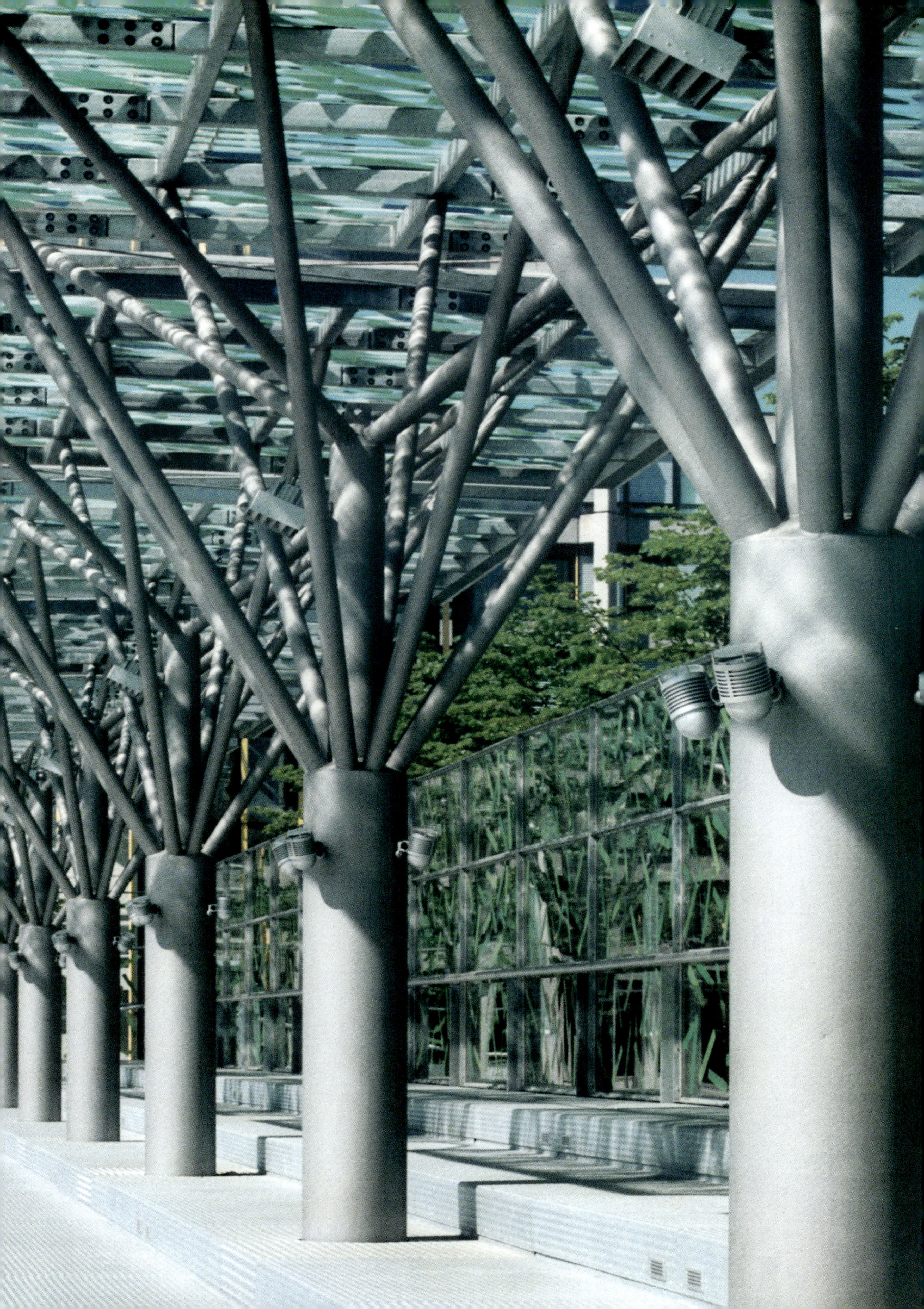

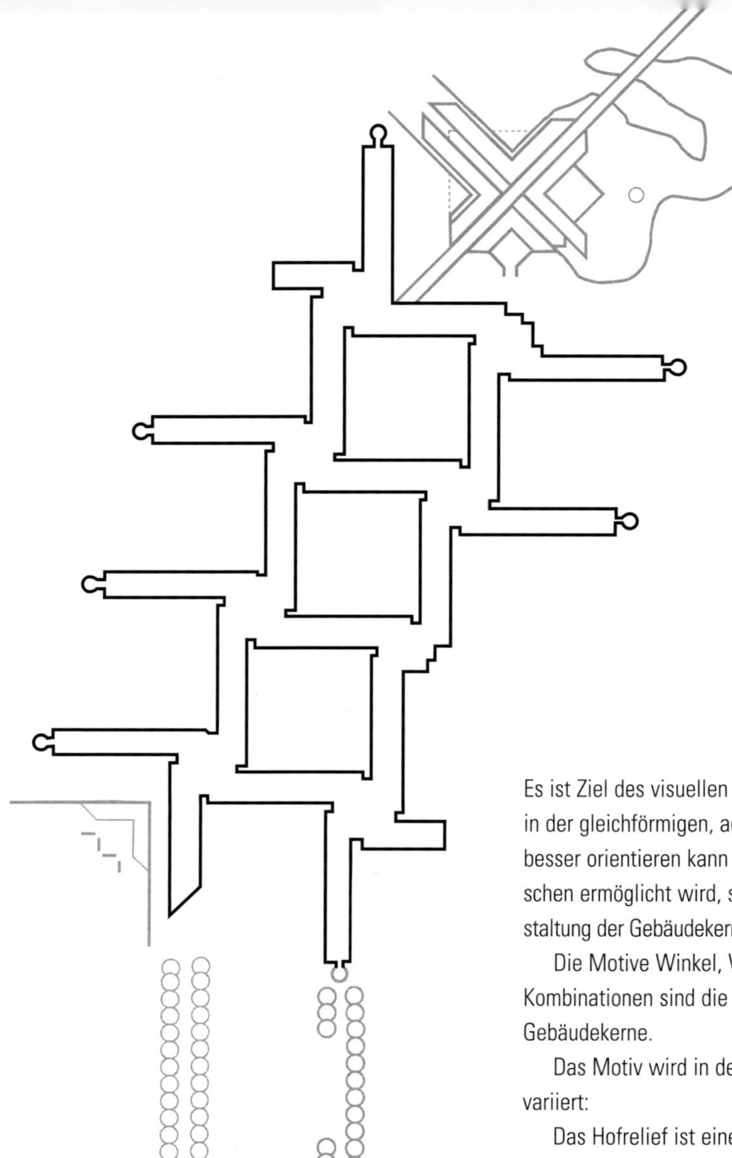

Johannes Peter Hölzinger

Das visuelle Leitsystem
The visual orientation system

Es ist Ziel des visuellen Leitsystems, daß sich der Besucher in der gleichförmigen, additiven Baustruktur der Bürobauten besser orientieren kann und es den dort arbeitenden Menschen ermöglicht wird, sich durch die unterschiedliche Gestaltung der Gebäudekerne mit ihrem Gebäude zu identifizieren.

Die Motive Winkel, Welle, Halbschale, Spirale und deren Kombinationen sind die Elemente für die Gestaltung der acht Gebäudekerne.

Das Motiv wird in den Stationen jedes Gebäudekerns variiert:

Das Hofrelief ist eine begehbare Erdskulptur, in welcher sich die Motive der sich diagonal gegenüberliegenden Gebäudekerne mischen.

Im Torpavillon vor dem Eingang wird das formale Motiv für den Näherkommenden deutlich und im Durchgehen erlebbar.

Im Windfang wird das Motiv in Linien aufgelöst, die sich in den gegeneinander verschiebenden Glastüren überschneiden.

In der Halle wird das Motiv durch in den Fussboden eingesteckte Einbauten verräumlicht.

In der Hallendecke wird das eingeschnittene Motiv durch Ein- und Ausklappung zu einem Deckenrelief.

In den Flurdecken wird das Motiv zu einem Rapport variiert, der sich am Übergang von einem zum anderen Gebäudeteil allmählich mit dem des nächsten Kerns durchmischt.

Die Verschiedenartigkeit der Elemente wird durch die Farbe verstärkt. Jedem Motiv und damit jedem Gebäudekern ist eine eigene Informationsfarbe zugeordnet: Einer Kalttonreihe von blau bis grün-gelb in der Reihe der 600er Häuser steht in den gegenüberliegenden 500er Häusern eine Warmtonreihe von gelb bis violett gegenüber.

Die Farbreihen entsprechen den gegenläufigen Bewegungsrichtungen entlang der Gebäude. Den gegenüberliegenden Gebäudekernen entspricht das Aufeinandertreffen der Komplementärfarben.

Die Farb-Fassadenlamellen der Büroflügel tragen die Farben des zugehörigen Kernbereichs.

In den Fassaden der Verbindungsflügel zwischen zwei Kernbereichen verschränken sich die Farben in der Fassadenmitte. Diese Verschränkungen verdeutlichen den Übergang von einem in den anderen Bereich. In der Frontalansicht sind die Farblamellen als Farblinien erkennbar, in der Schrägansicht bündeln sie sich zu Farbfeldern.

The goal of the visual orientation system is to allow the visitor of the uniform, additive building structure of the office buildings to find a better orientation and for the people working there to identify with their building through the different designs of the building cores.

The motifs angle, wave, semi-sphere, spiral and combinations thereof are the elements used for the design of the eight building cores.

The motif is varied in the stations of each building core:

The yard relief is an accessible earth sculpture in which the motifs of the diagonally opposing building cores commingle.

The formal motif becomes clear to those approaching and able to be experienced when walking through the gate pavilion in front of the entrance.

In the vestibule the motif is resolved into lines that cross in the glass doors that are set off from one another.

In the lobby, the motif is made sculptural through installations inserted into the floor.

In the ceiling of the lobby, the cut-in motif becomes a ceiling relief through incisions and extrusions.

In the hallway ceilings, the motif is varied into a synthesis that gradually merges with that of the next building core at the transition from one building section to the next.

The variation of the elements is enhanced by color. Each motif and thus each building core is assigned its own informational color: a cool shaded sequence from blue to greenish-yellow in the row of the 600 houses is opposed by a warm shaded sequence in the opposite 500 houses, ranging from yellow to violet.

The color sequences equal the directions of movement that run in the opposite way along the buildings. The meeting of the complementary colors complies with the opposing building cores.

The colored façade lamellas of the office wings carry the color of the appropriate core area.

In the façades of the connecting wings between two core areas, the colors cross in the center of the façade. These crossings clarify the transition from one area into the other. In the frontal view, the color lamellas are visible as color lines; when seen from an angle, they bundle into colored fields.

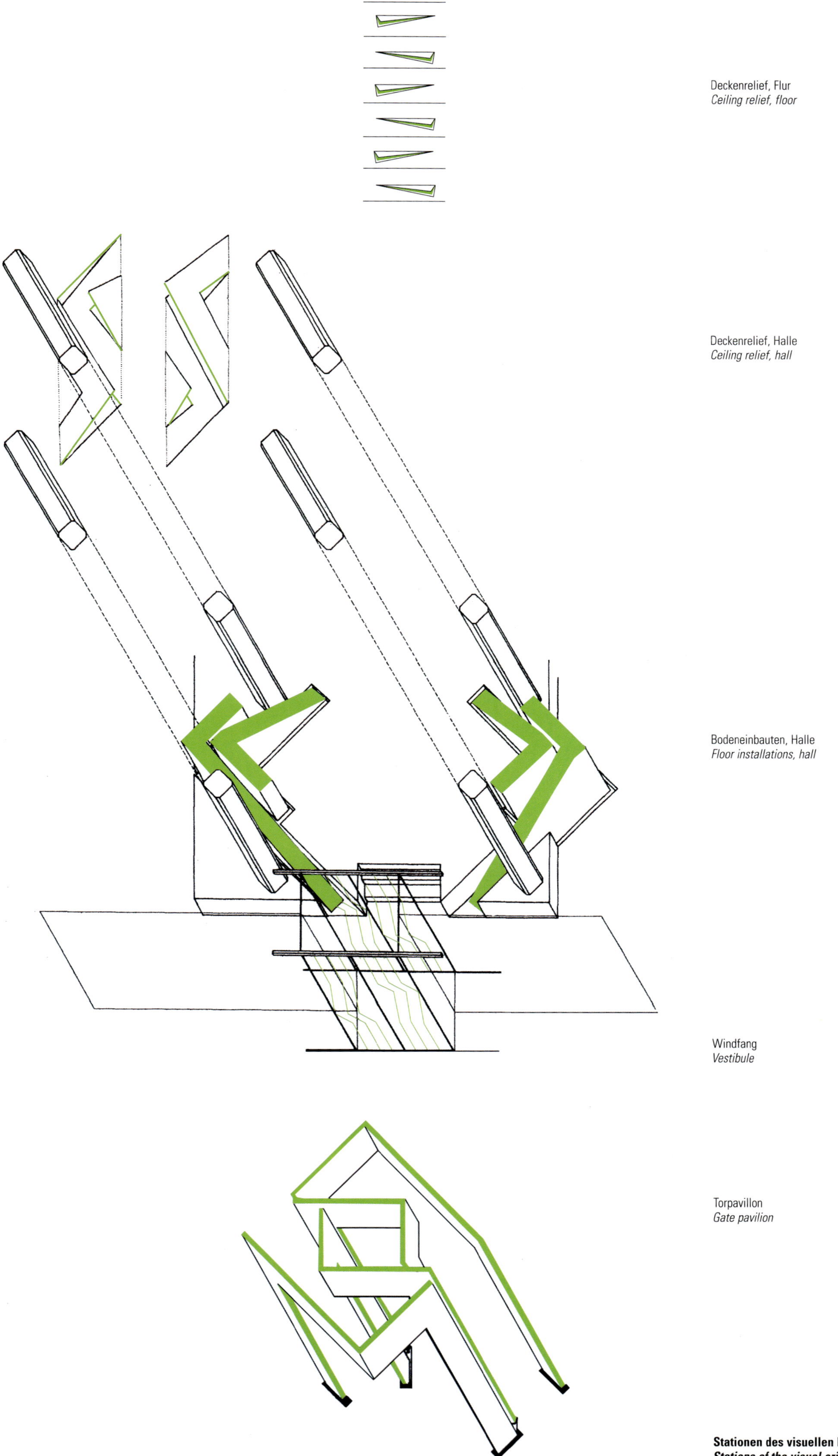

Deckenrelief, Flur
Ceiling relief, floor

Deckenrelief, Halle
Ceiling relief, hall

Bodeneinbauten, Halle
Floor installations, hall

Windfang
Vestibule

Torpavillon
Gate pavilion

Stationen des visuellen Leitsystems
Stations of the visual orientation system

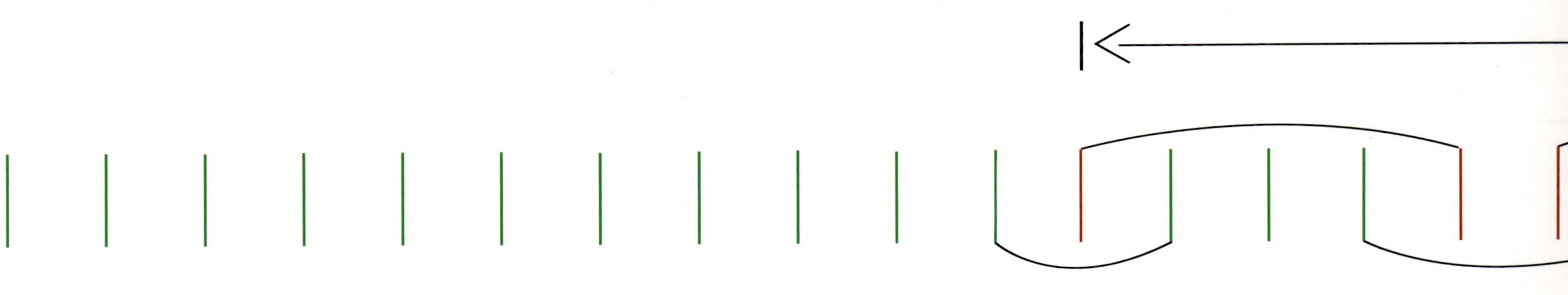

Fassadenlamellen
Façade lamellas

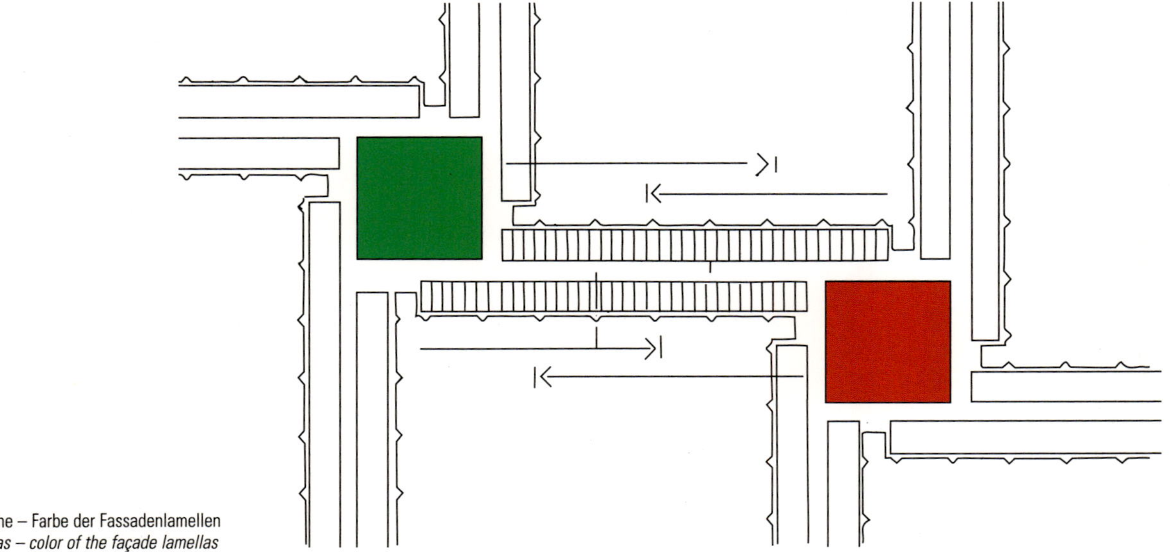

Farbe der Kernbereiche – Farbe der Fassadenlamellen
Color of the core areas – color of the façade lamellas

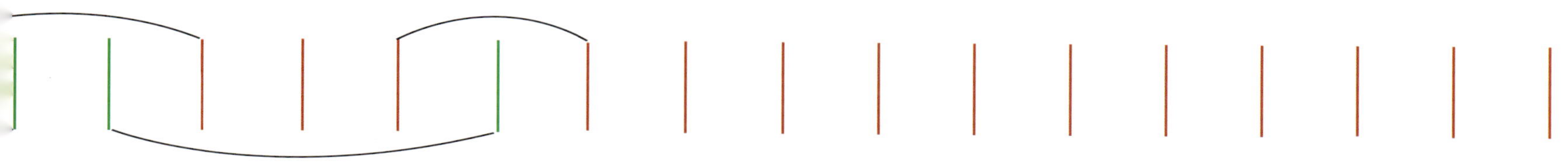

Farbverschränkung
Color crossing

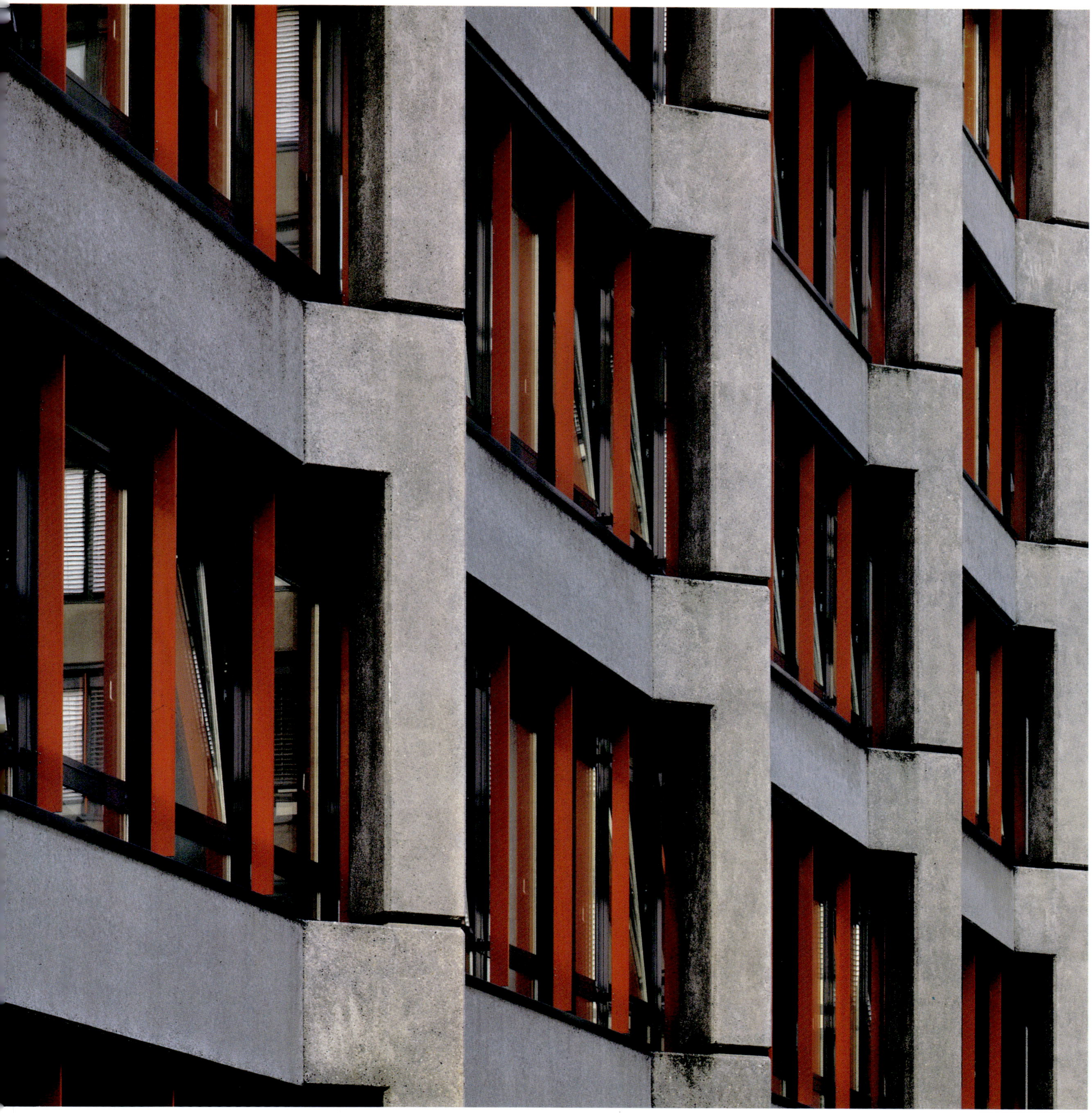

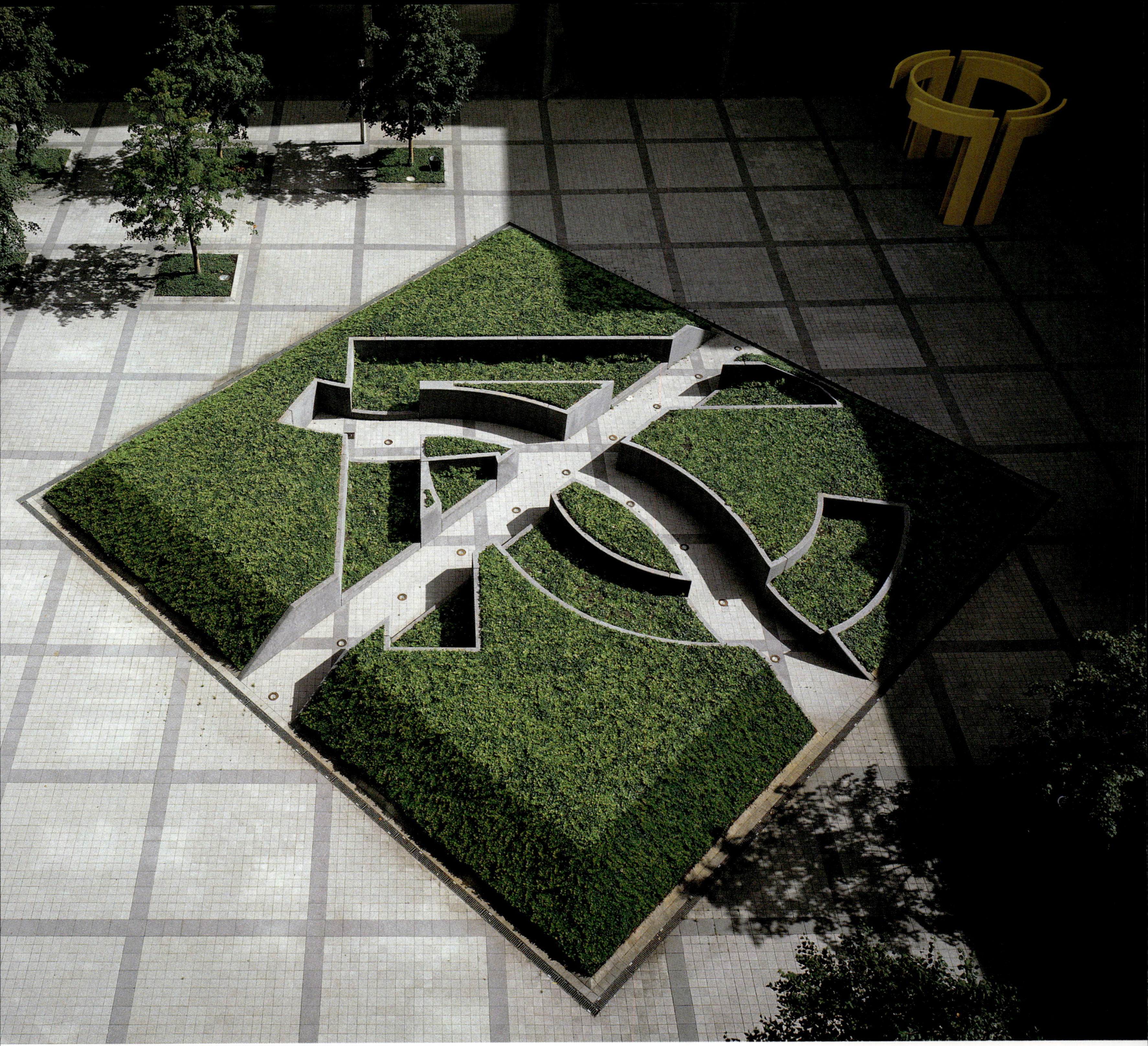

Hofreliefs
Yard reliefs

Verschränkung der Motive der sich diagonal gegenüberliegenden Kernbereiche
Crossing of the motifs of the diagonally opposed core areas

Erstes Hofrelief aufgesetzt; zweites Hofrelief aufgesetzt / abgesenkt; drittes Hofrelief abgesenkt
First yard relief raised ; second yard relief raised/ lowered; third ard relief lowered

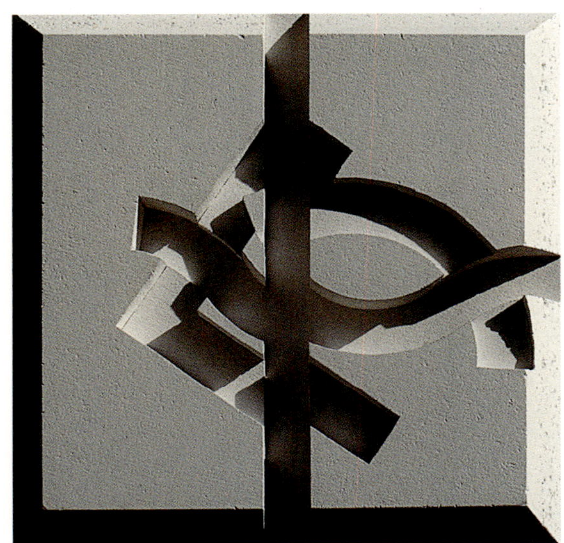

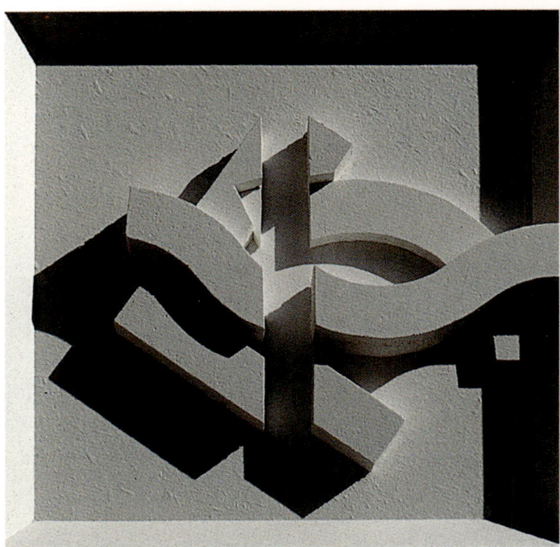

Torpavillons/*Gate pavilions*

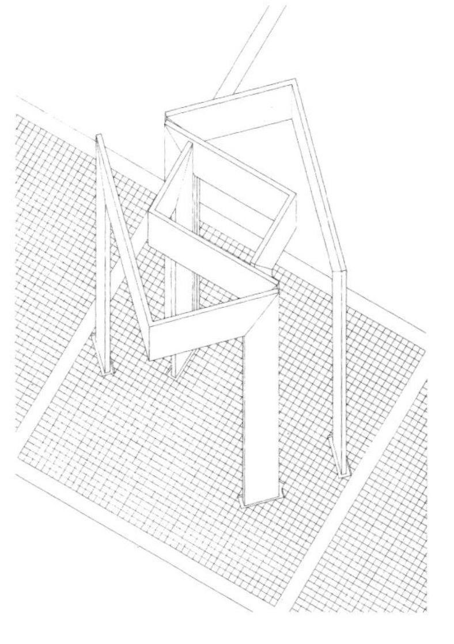

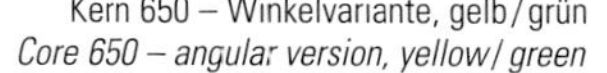

Kern 650 – Winkelvariante, gelb/grün
Core 650 – angular version, yellow/green

Kern 550 – Spiralvariante, violett
Core 550 – spiral version, violet

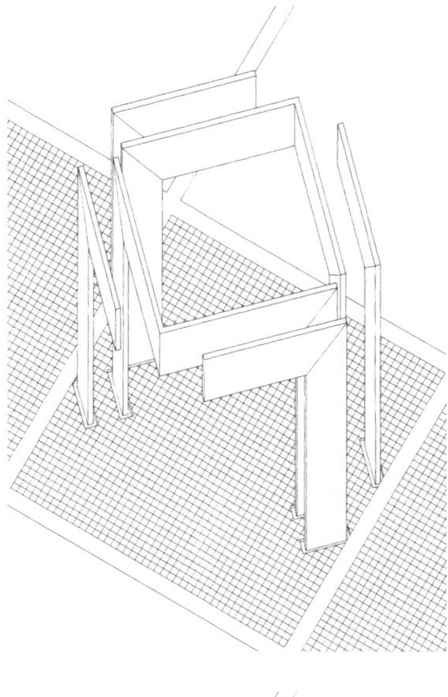

Kern 640 – Winkel, grün
Core 640 – angle, green

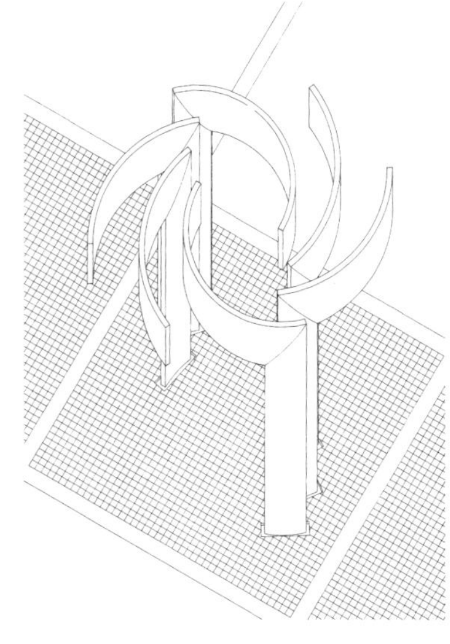

Kern 540 – Spirale, rot
Core 540 – spiral, red

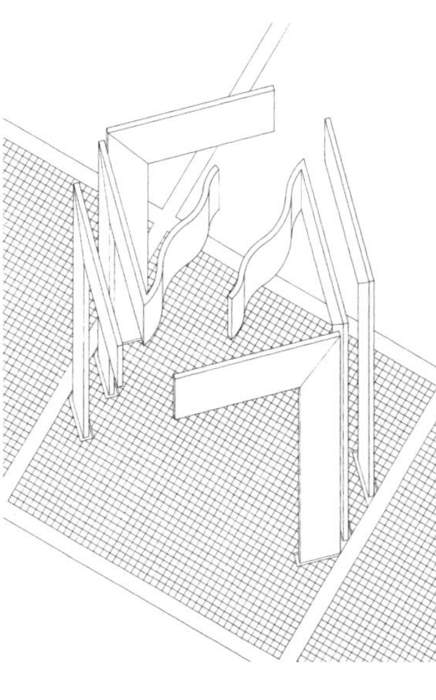

Kern 630 – Welle/Winkel, blau/grün
Core 630 – wave/angle, blue/green

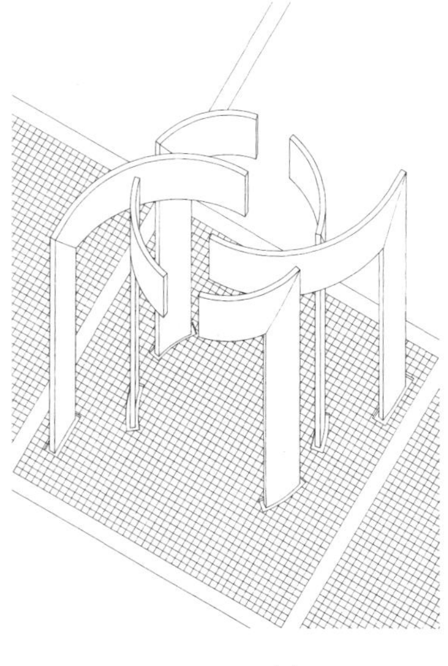

Kern 530 – Halbschale/Spirale, gelb/rot
Core 530 – semi-circle/spiral, yellow/red

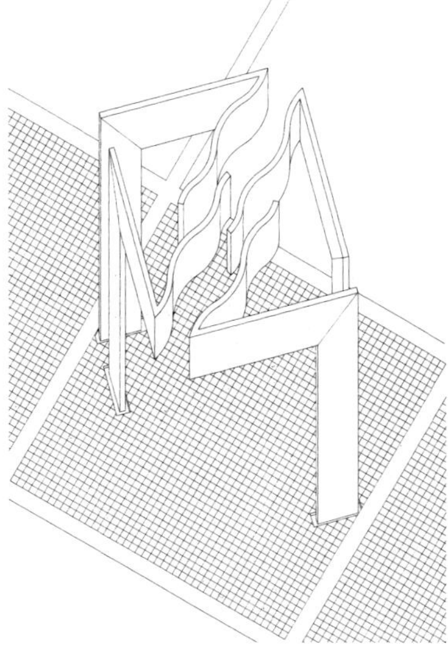

Kern 620 – Welle, blau
Core 620 – wave, blue

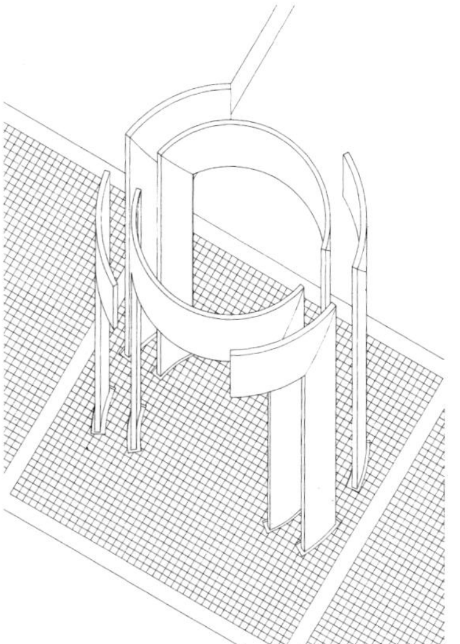

Kern 520 – Halbschale, gelb
Core 520 – semi-circle, yellow

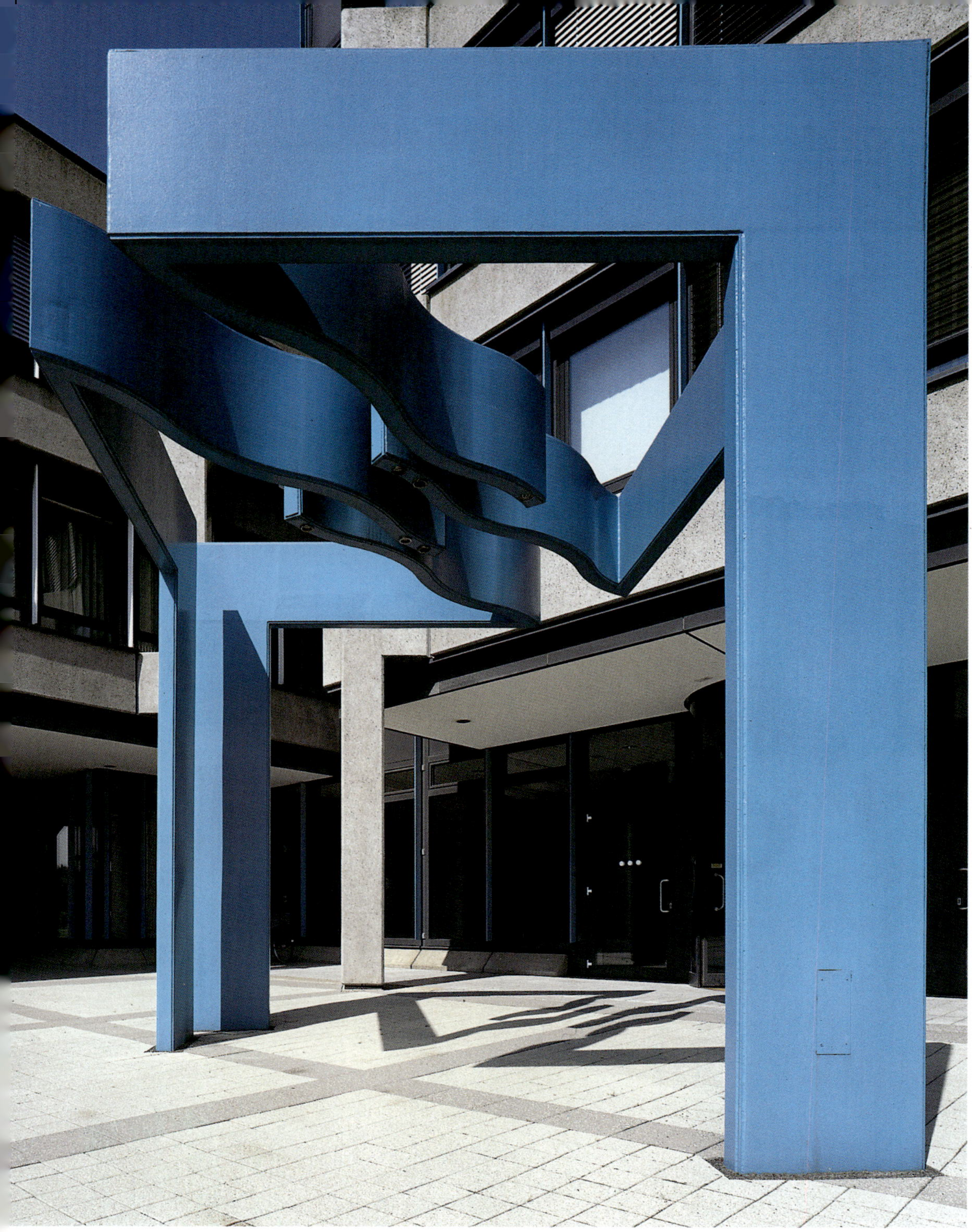

Kern 620 – Welle
Core 620 – wave

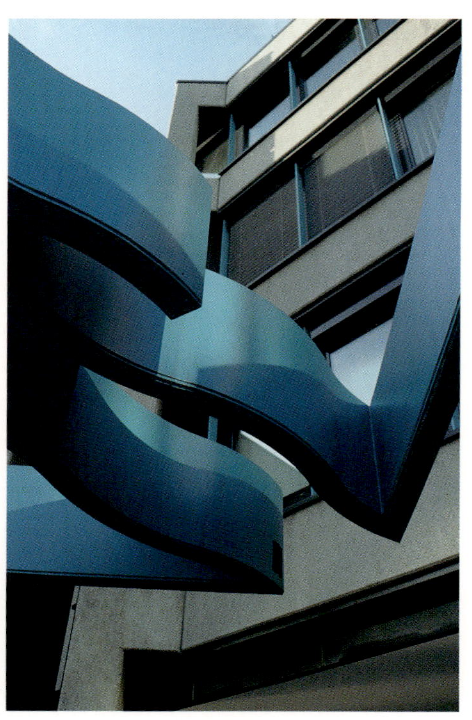

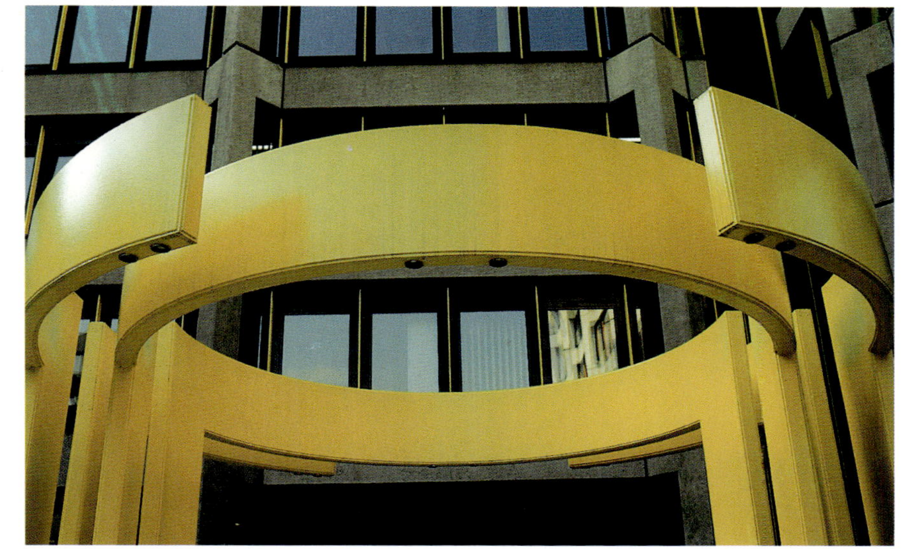

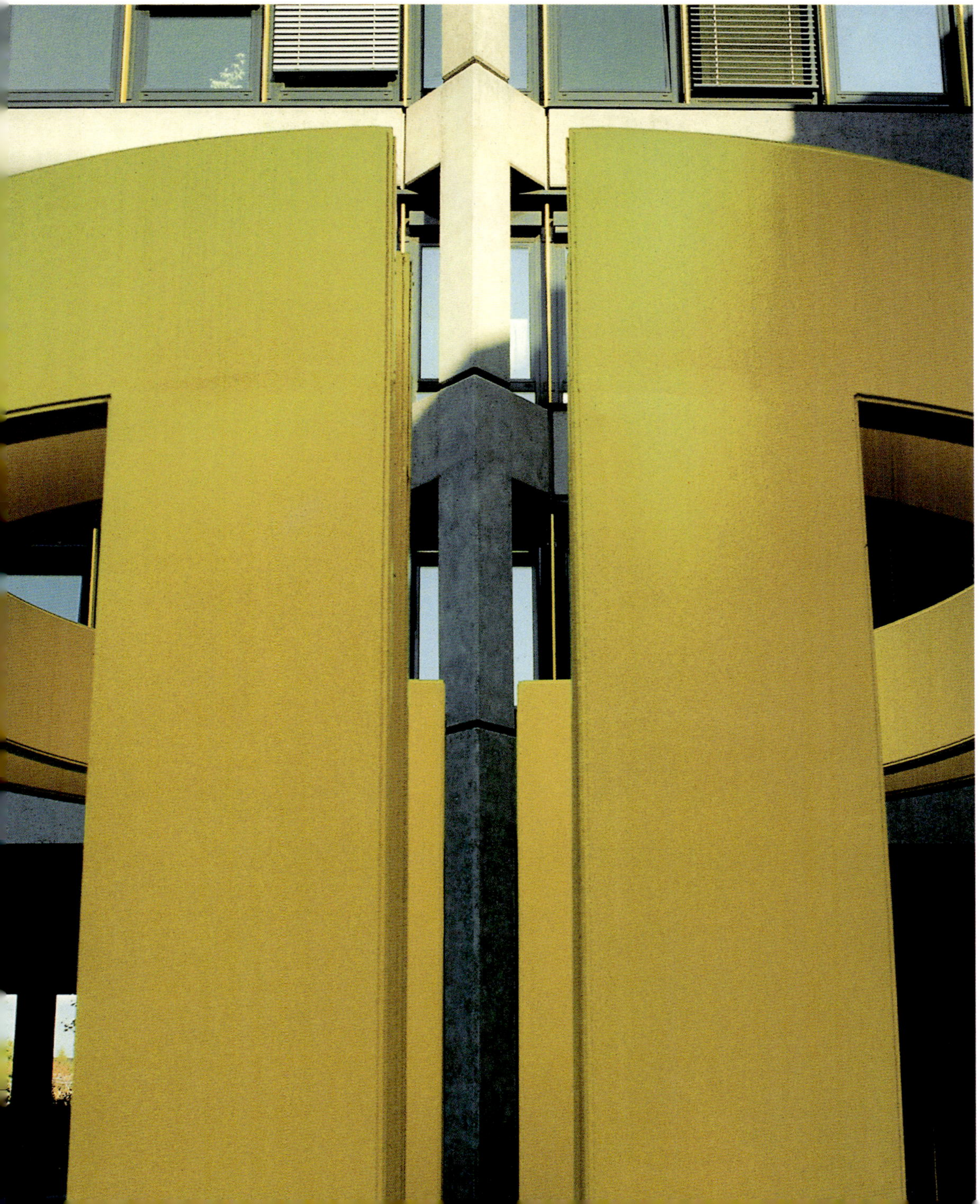

Kern 520 – Halbschale
Core 520 – semi-circle

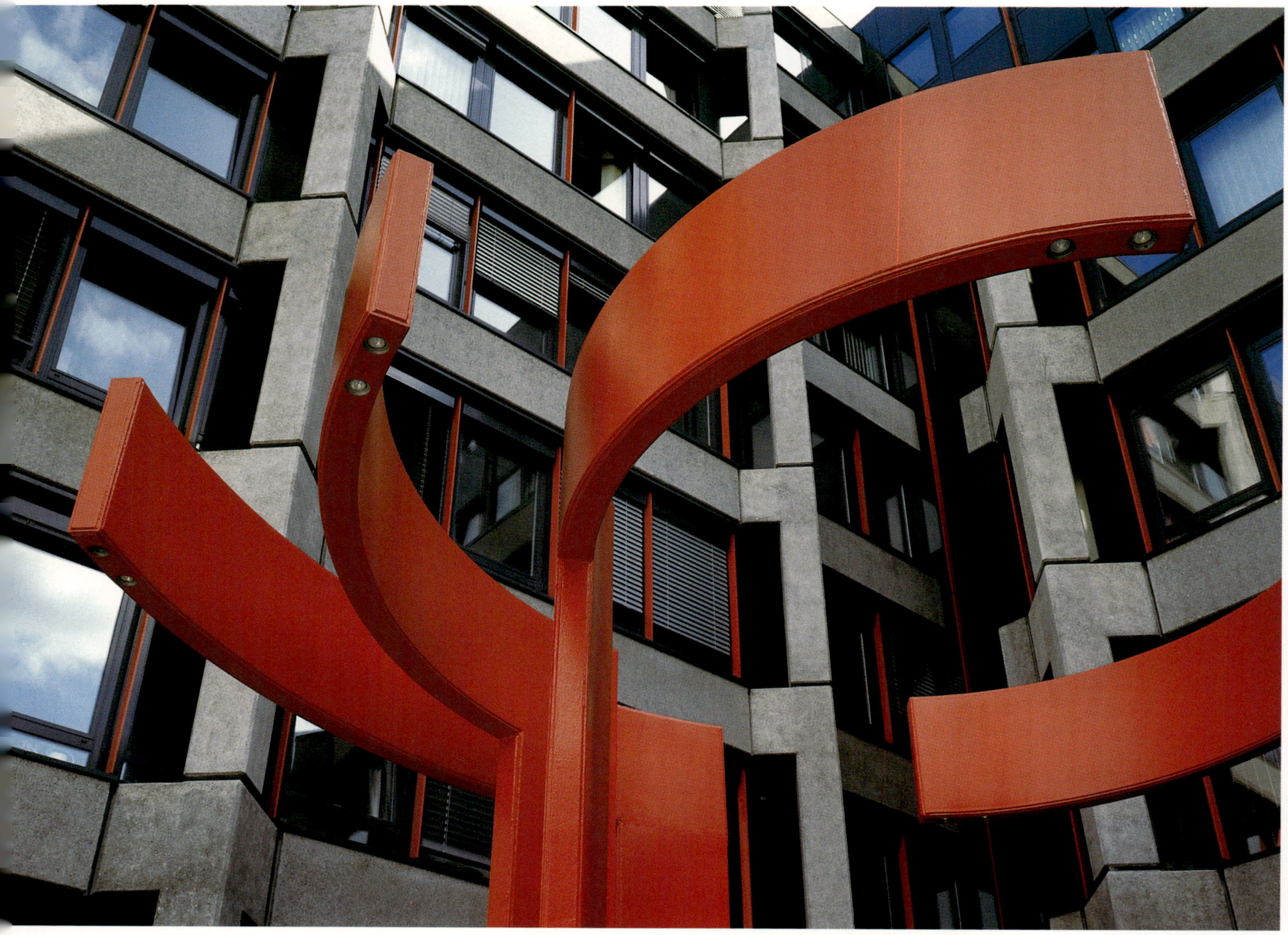

Kern 540 – Spirale
Core 540 – spiral

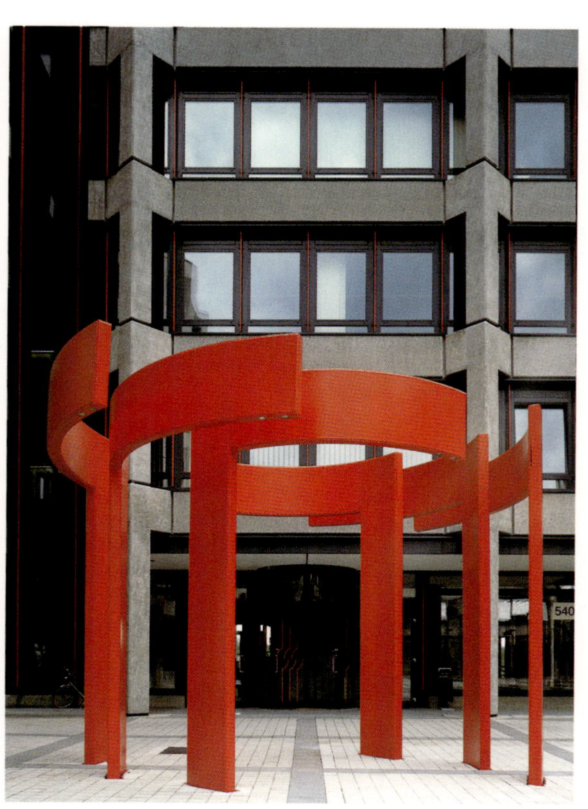

Kern 650 – Winkel-Variante
Core 650 – angular version

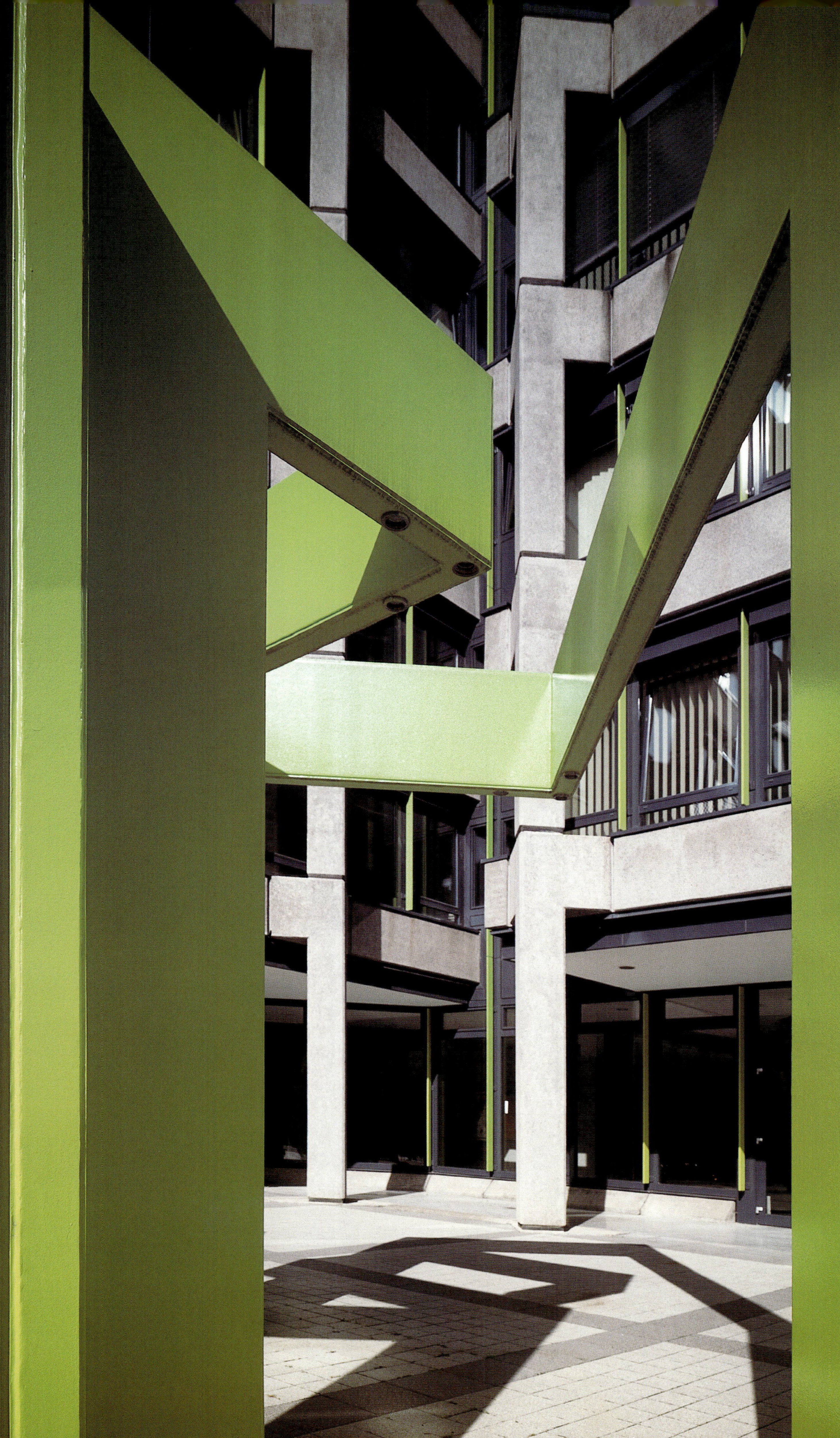

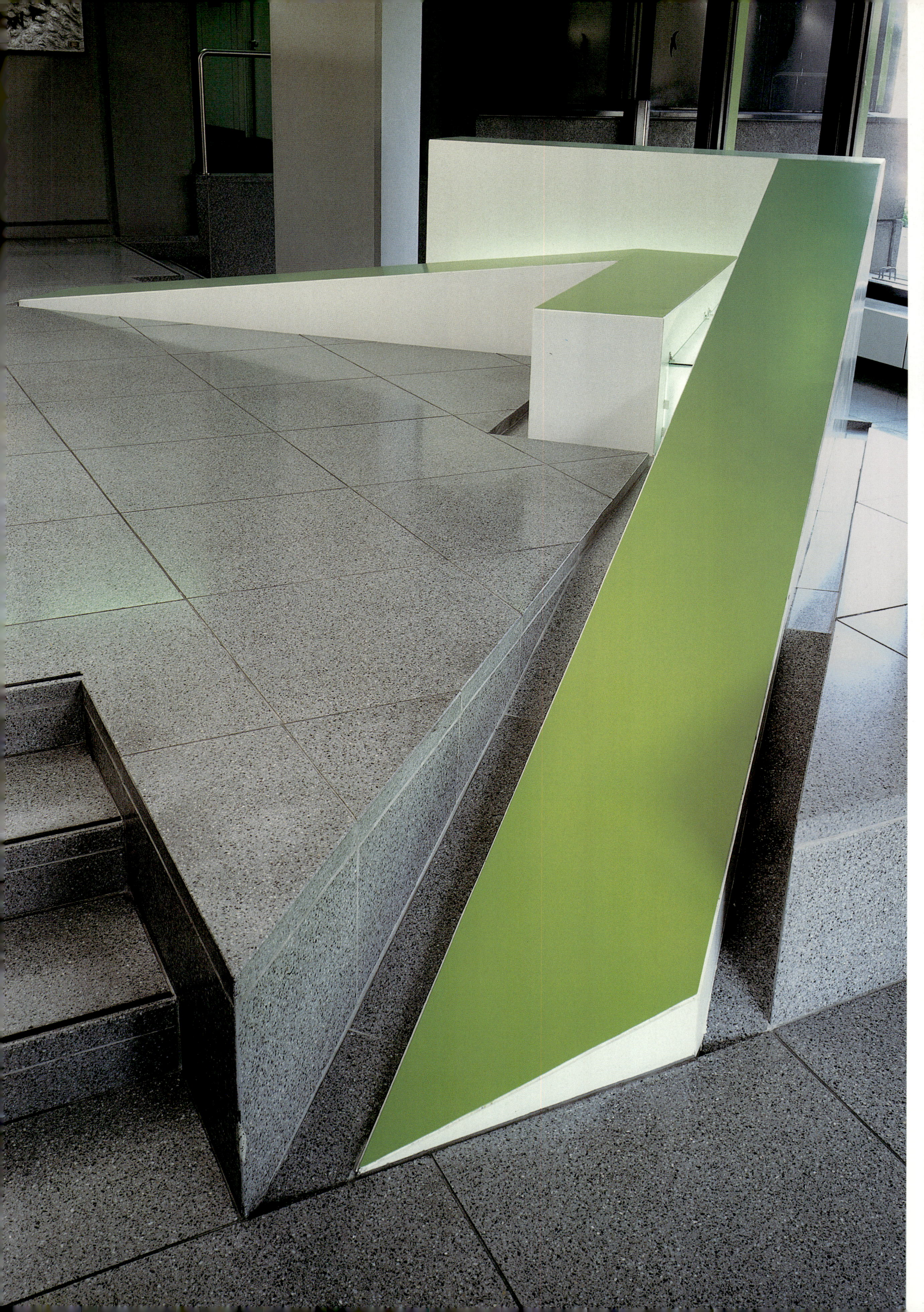

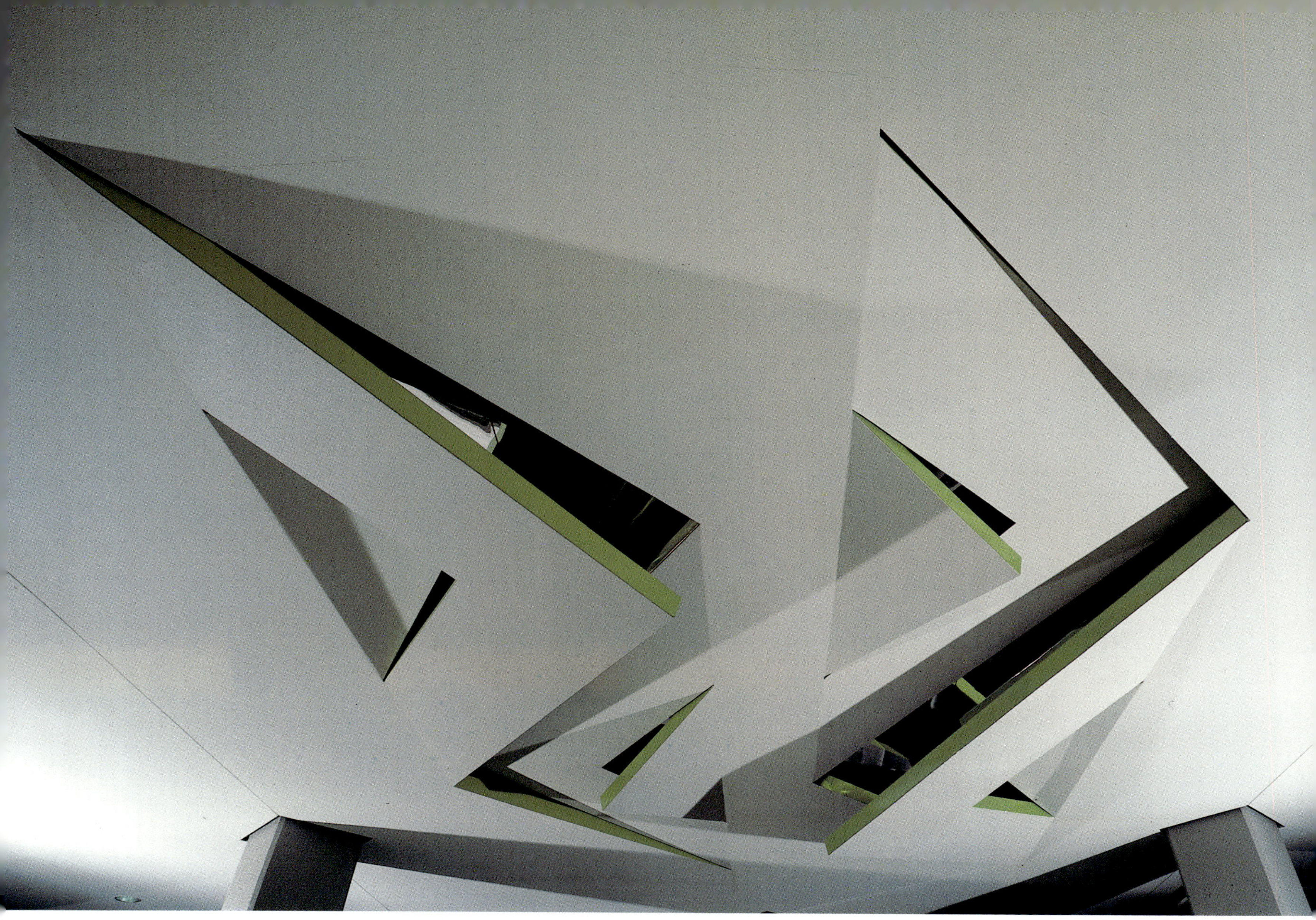

Deckenrelief
Ceiling relief

Flurrelief
Hallway relief

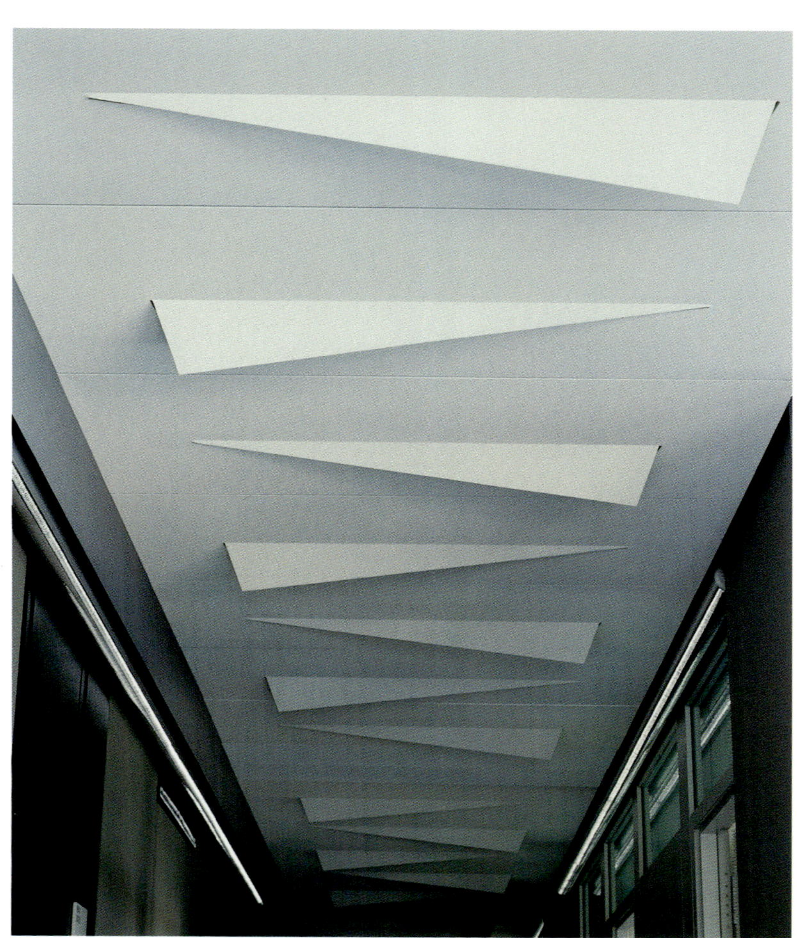

Kern 650 Winkelvariante / *Core 650 angular version*
Bodeneinbauten in der Halle / *Floor installations in the hall*

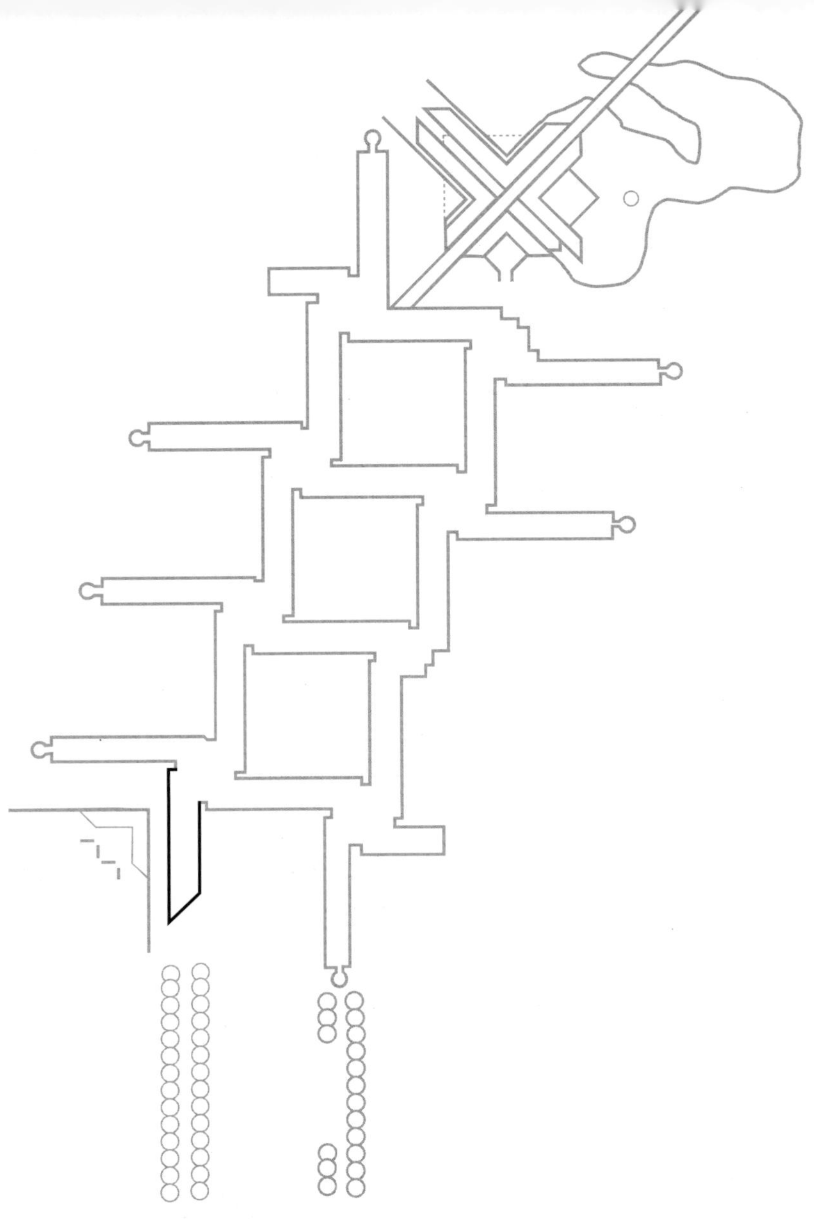

Johannes Peter Hölzinger

Ministerflügel
Ministerial wing

Statt eines ursprünglich vorgesehenen Solitärbaus wurde das räumliche Geflecht der Bürobauten durch einen weiteren Flügel ergänzt und für diesen die architektonische und konstruktive Gliederung der übrigen Bürobauten übernommen. Das Ministergebäude ist somit Teil der Bürostruktur, während der Ministerbereich durch die Konfiguration der sich in Form und Material aus der tektonischen Regel der Bürobauten lösenden Wand-Winkelelementen hervorgehoben wird.

Mit diesem ergänzenden Flügelbau entsteht ein dreiseitig gefasster Eingangshof, um den Ankommenden zu empfangen. Der diagonal angeschnittene Baukörper verdeutlicht in Verbindung mit der Leitwand von Ansgar Nierhoff die Umleitung der Zugangsallee in den Eingangshof.

Instead of the originally planned solitary building, the spatial network of the office buildings was expanded by an additional wing to which the architectural and constructive structure of the remaining office buildings was applied. The ministerial building thus is part of the office structure, while the ministerial area is enhanced by the configuration of the angular wall elements that are detached from the shape and material of the tectonic order in the office buildings.

With this complementary wing building, an entrance yard surrounded on three sides is created to welcome and embrace the arriving visitors. The diagonally cut building volume, in connection with the guiding wall by Ansgar Nierhoff, clarifies the detour of the access avenue into the entrance yard.

Winkelfeld, Grundstruktur für eine Wohnbebauung
Field of angles, basic structure for a housing development

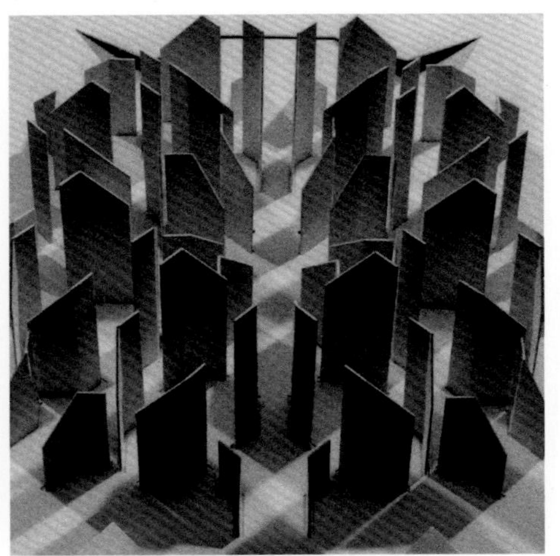

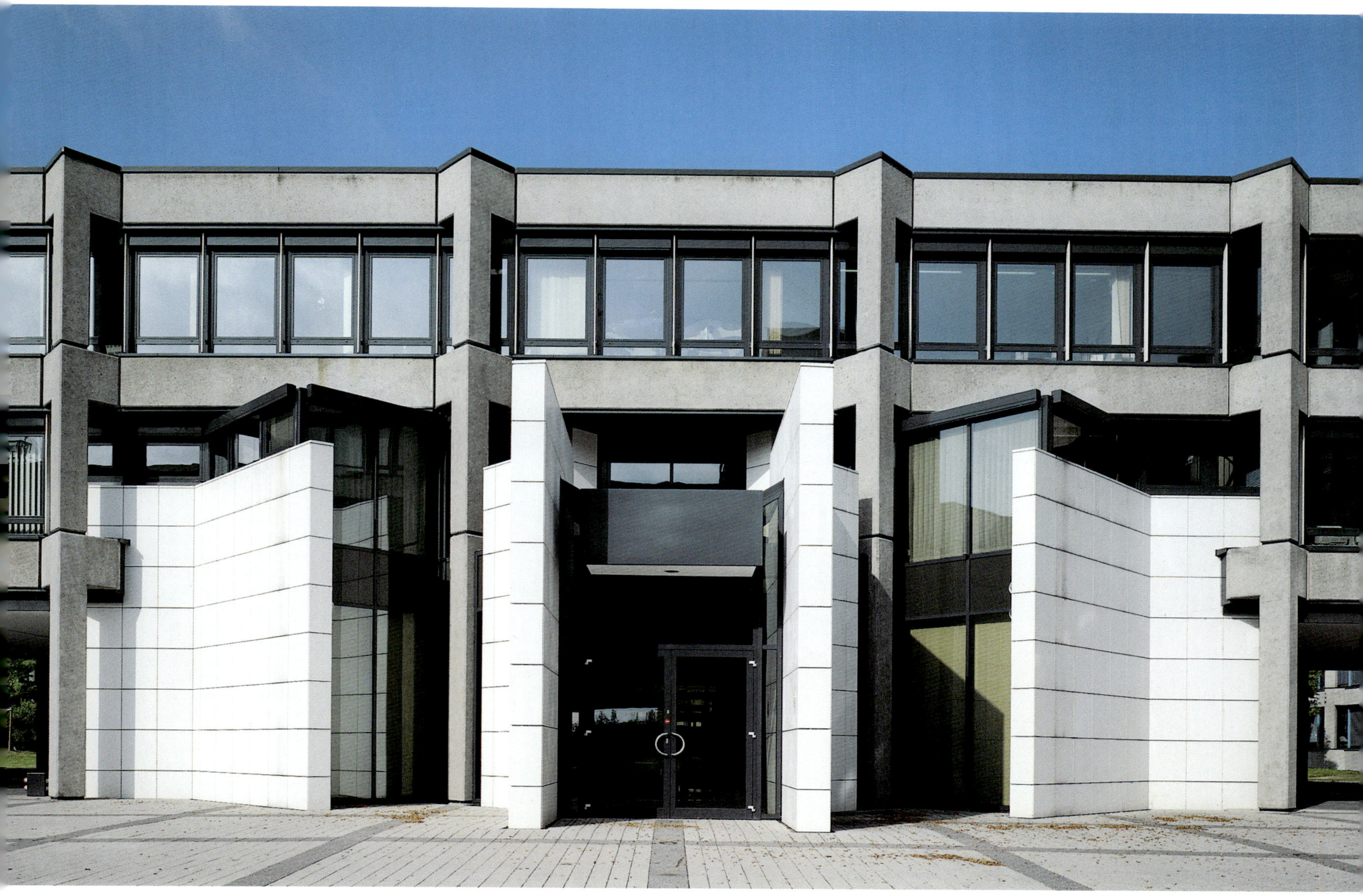

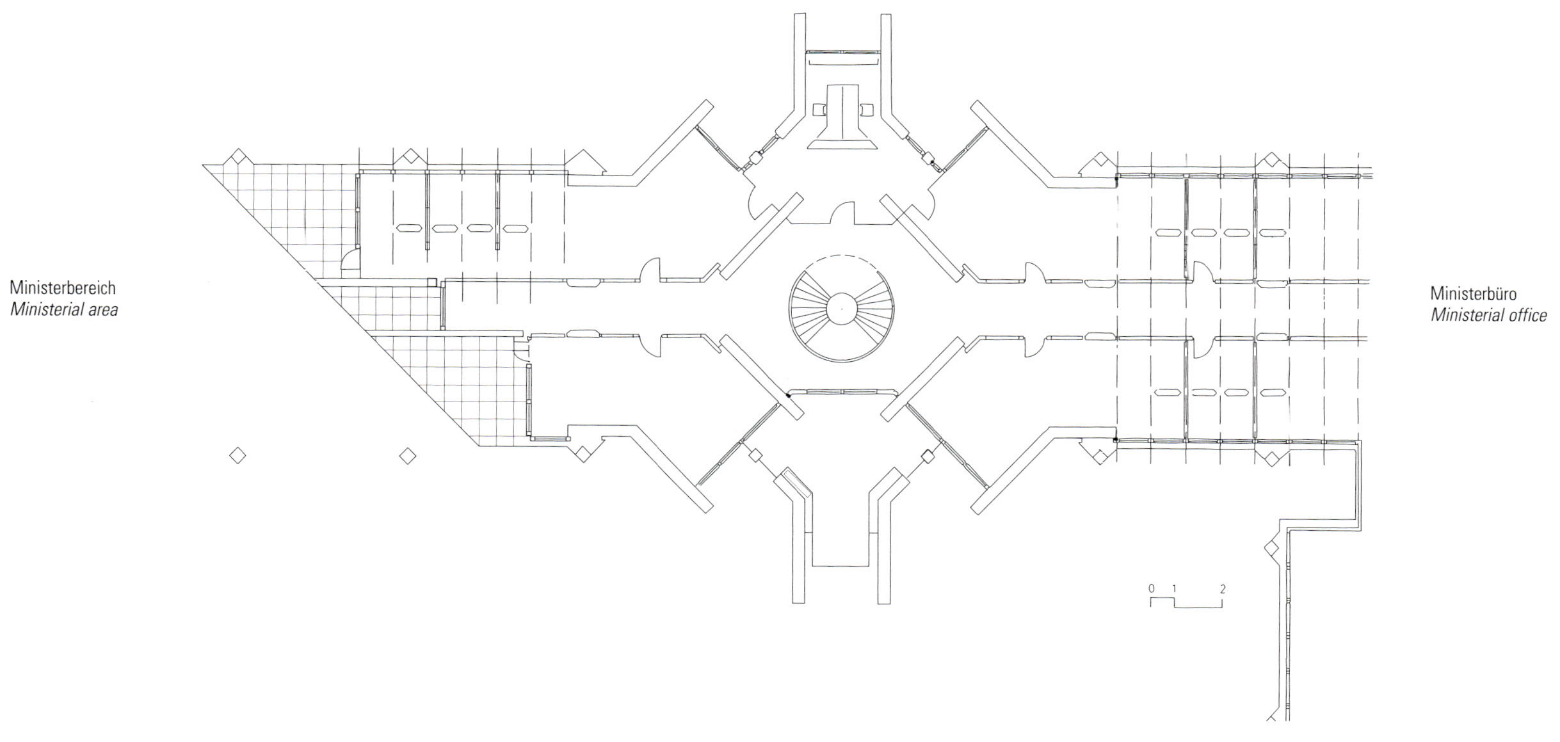

Grundriss 1. Obergeschoss / *Ground plan, second floor*

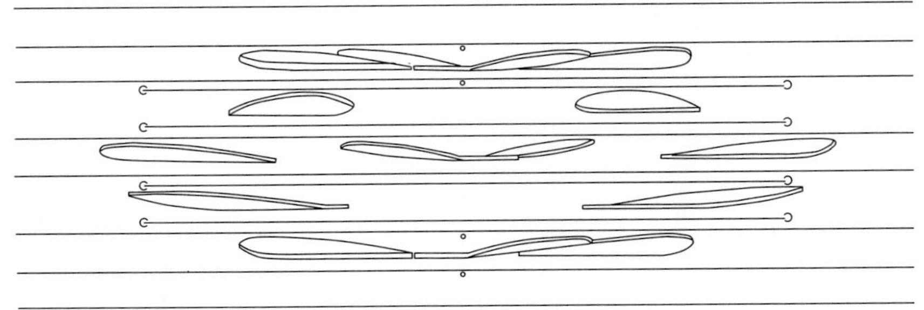

„Rotation“ / *„Rotation“*

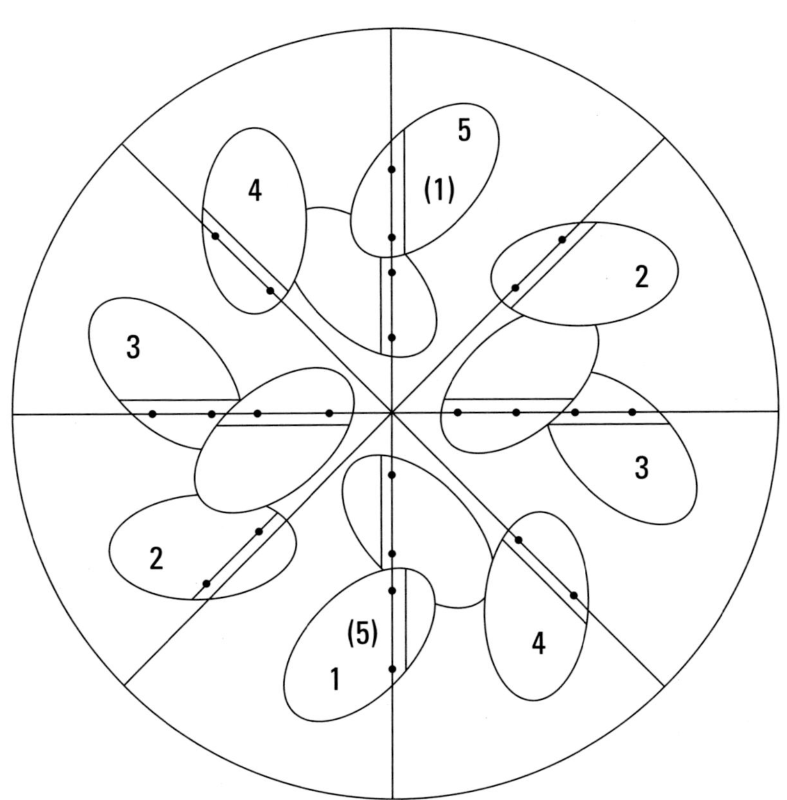

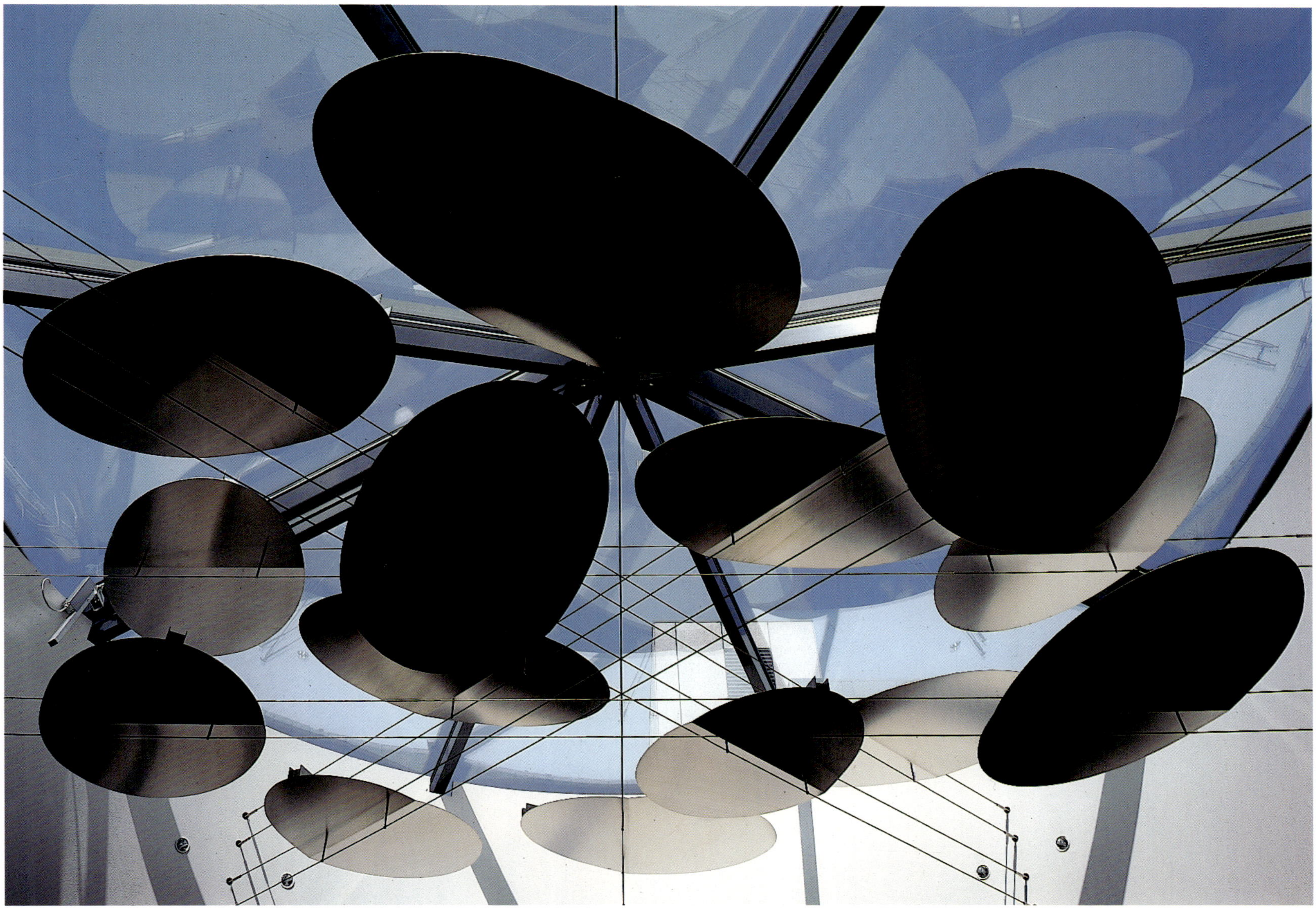

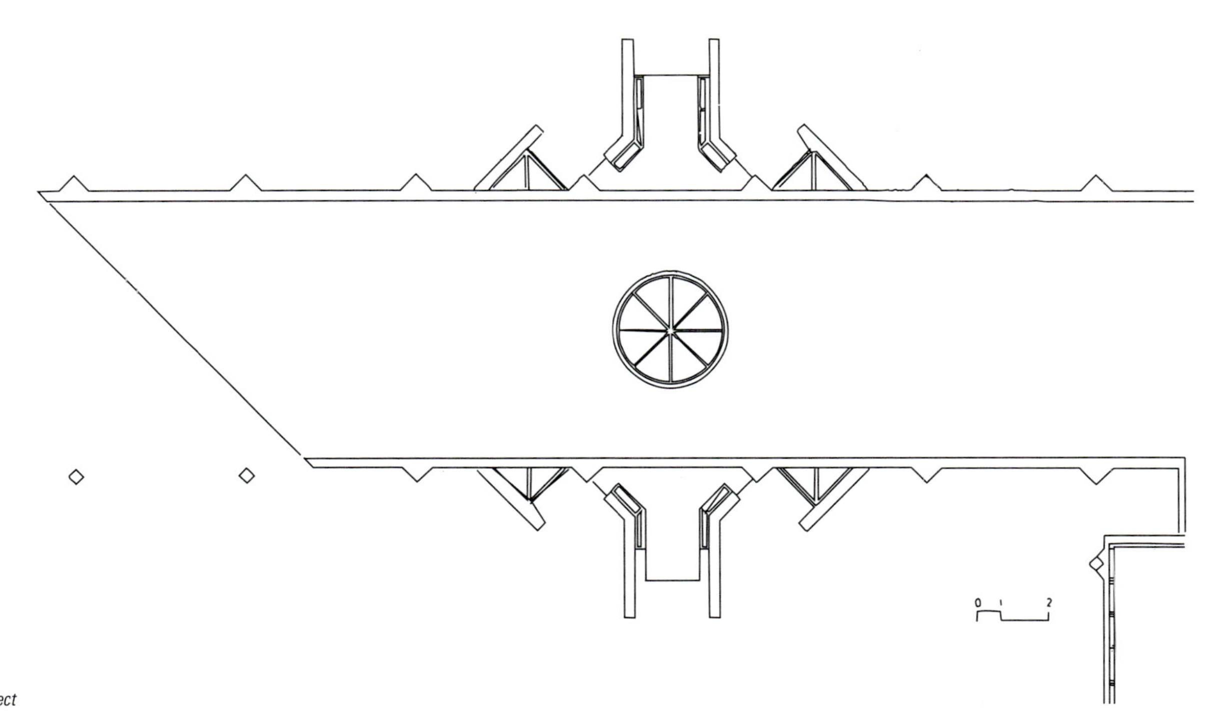

Dachaufsicht / *Roof aspect*

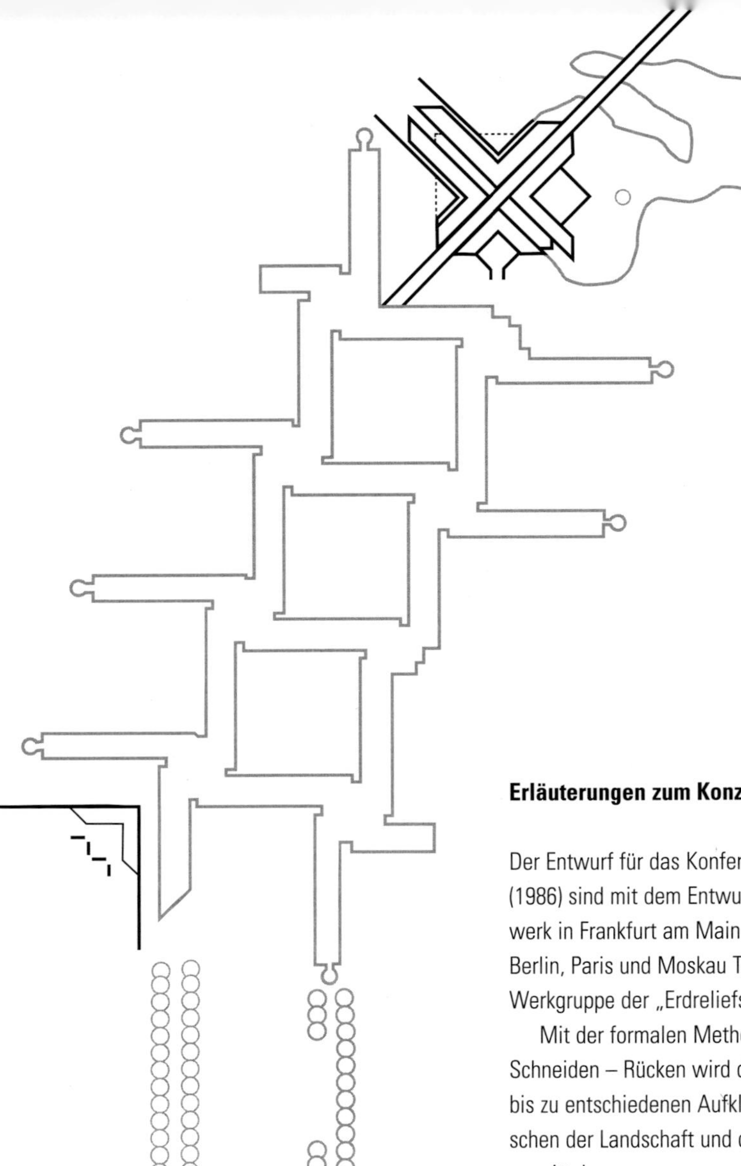

Johannes Peter Hölzinger

Konferenzzentrum Kasino–Süd
Conference Center South Cafeteria

„Diagonal gestaucht", Alu-Blech, weiß beschichtet, 60/60 cm
„Diagonally tilted", white coated aluminum sheet, 60/60 cm

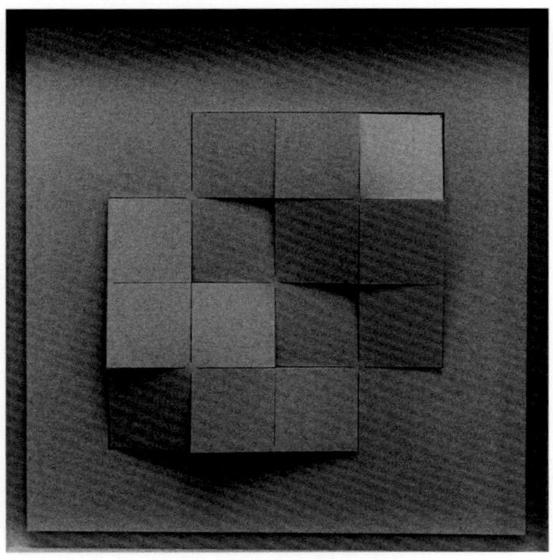

Erläuterungen zum Konzept des Kasino-Süd

Der Entwurf für das Konferenzzentrum und das Kasino-Süd (1986) sind mit dem Entwurf für das Museum für Kunsthandwerk in Frankfurt am Main und den Museumsentwürfen für Berlin, Paris und Moskau Teil meiner 1980 begonnenen Werkgruppe der „Erdreliefs".

Mit der formalen Methode Schneiden – Klappen und Schneiden – Rücken wird die Landschaftsfläche allmählich bis zu entschiedenen Aufklappungen verändert, die damit zwischen der Landschaft und den bestehenden Bürogebäuden vermitteln.

Die diagonale Kontur der Klappungen kontrastiert zum einen mit den orthogonal organisierten Fassaden der Bürogebäude, zum anderen verbinden sich die diagonalen Vegetationsflächen der Klappungen mit der umgebenden Landschaft.

Neben der Verbindung von Landschaft und Architektur ist im Kasino die Kunst unverzichtbarer Teil der Architektur:

Die spiralförmige Umwicklung des Zugangssteges visualisiert die Besucherbewegungen und ist zugleich Windfang, die Neonröhren-Strukturen entfalten ein bewegtes, konfiguratives Spiel mit der Raum- und Architekturform und sind zugleich Raumbeleuchtung.

Das in drei Ebenen angelegte Kasino folgt der Topographie: Auf Erdgeschosshöhe der Bürobauten ist in den Raumaufbruch der Klappungen der Zugangssteg mit der Cafeteria-Ebene eingestellt. Auf Seehöhe liegen der Speisesaal mit der See-Terrasse, die Küche, die Vorbereitungs- und Vorratsräume und die Anlieferung. Im Untergeschoß befinden sich die Spülküche, die Personalräume und die Gebäudetechnik.

Comments on the concept of the South Cafeteria

The design for the conference center and the south cafeteria (1986) are part of my „earth reliefs" work group started in 1980, together with the design for the museum for arts and crafts in Frankfurt and the museum designs for Berlin, Paris and Moscow.

With the formal methods cutting – folding and cutting – shifting the landscape is slowly changed up to definitive „folded openings" which mediate between the landscape and the existing office buildings.

The diagonal contour of the open folds is, on one hand, a contrast with the orthogonally organized façades of the office building. On the other hand, the diagonal leaf-like surfaces of the folds connect with the surrounding landscape.

A side from the combination of landscape and architecture, art is an indispensable part of the architecture:

The spiral-shaped enclosure of the access bridge visualizes the movements of the visitors while at the same time serving as a vestibule; the neon bulb structures unfold a shifting, figurative play with the spatial and architectural form and serve as lighting for the space.

The cafeteria is laid out on three levels and follows the topography: at the level of the first floor in the office buildings, the access bridge with the cafeteria level is installed into the spatial opening of the folds. At the level of the lake, the dining hall with the lake terrace, the kitchen, the preparation and storage spaces and the delivery zone are located. The dish-washing area, the personnel rooms and the building maintenance are on the basement level.

Konferenzzentrum
Conference center

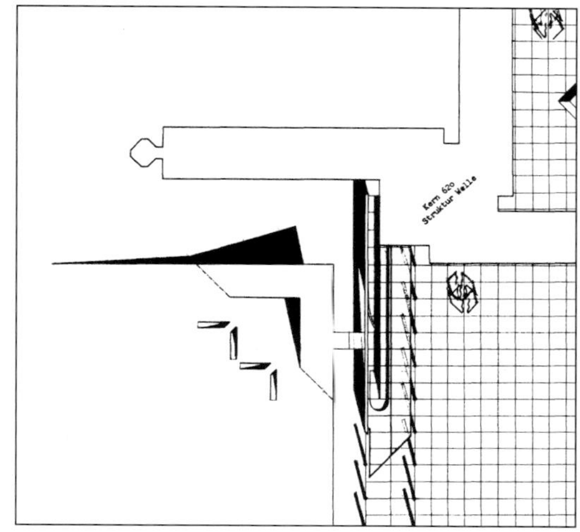

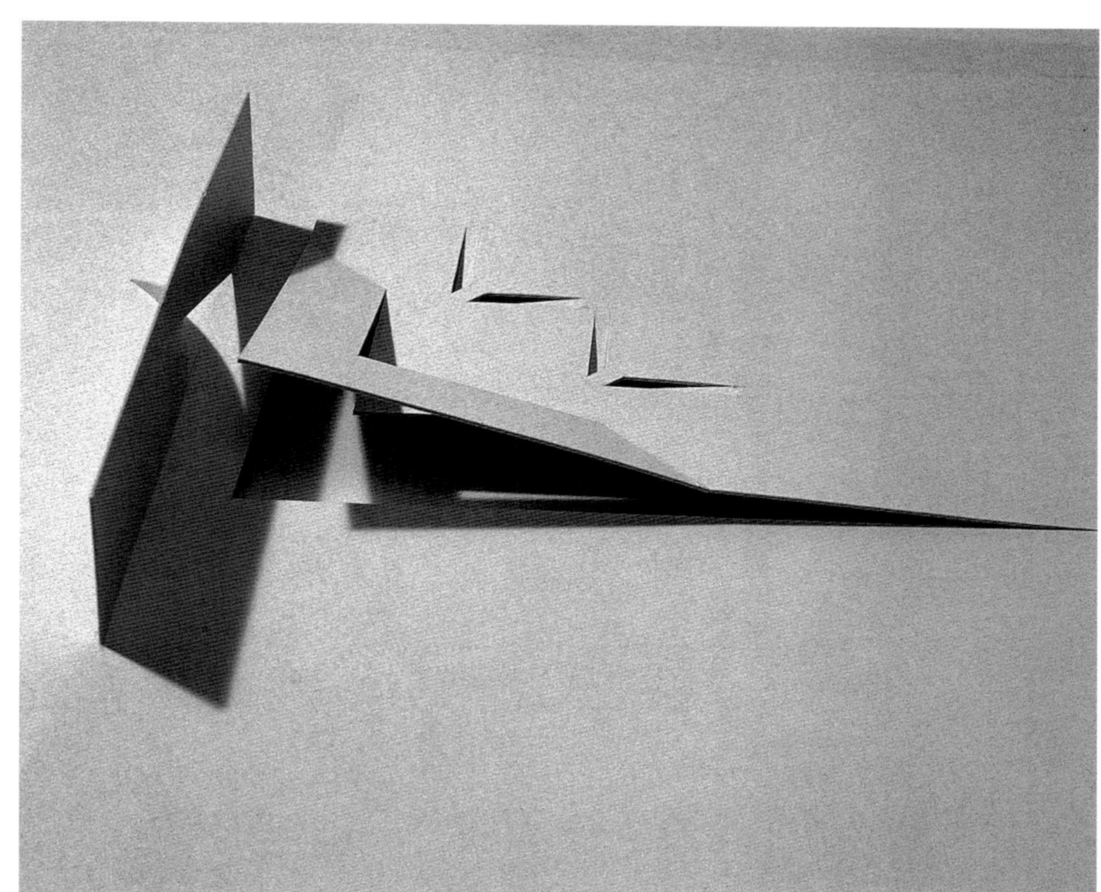

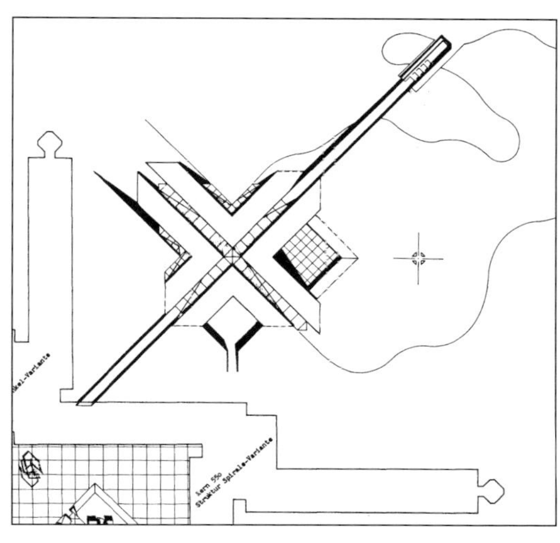

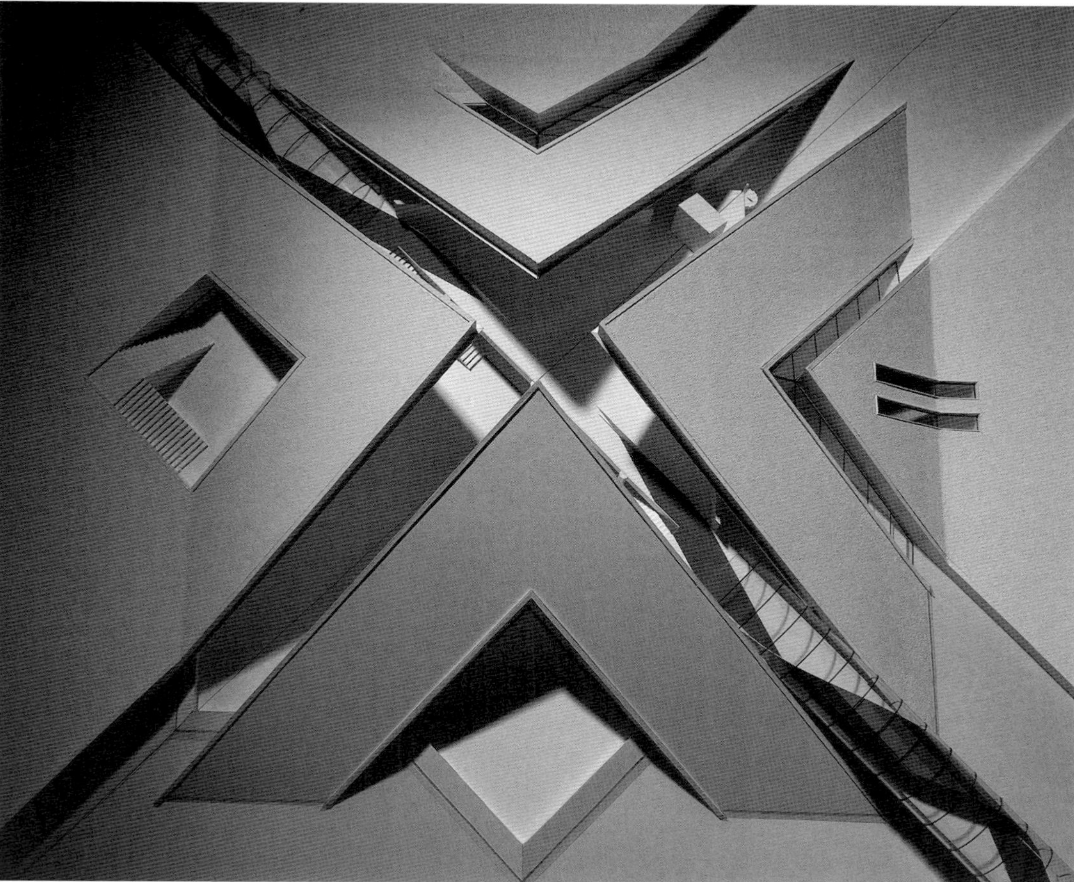

Kasino-Süd
South Cafeteria

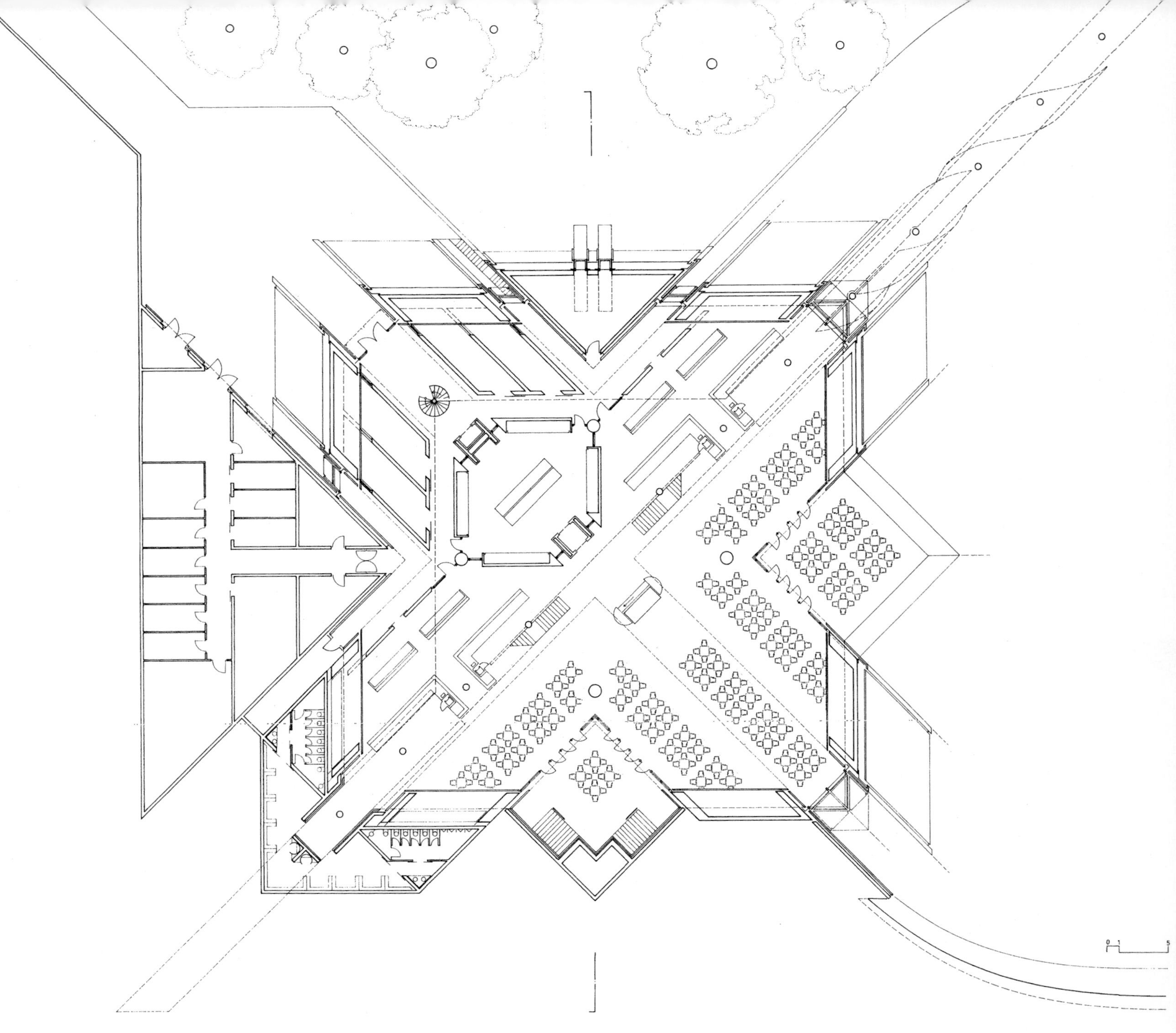

Ebene -1
Level -1

1	Steg, Zugang	*Bridge, access*
2	Windfang	*Vestibule*
3	Cafeteria	*Cafeteria*
4	Luftraum Speisesaal	*Air space dining area*
5	Speisesaal	*Cafeteria*
6	Hof	*Yard*
7	Terrasse	*Terrace*
8	Geschirrückgabe	*Tableware return station*
9	Anlieferhof	*Deliveries*
10	Lager	*Storage*
11	Vorbereitung	*Preparations*
12	Küche	*Kitchen*
13	Speiseausgabe	*Food distribution*
14	Personalraum	*Personnel room*

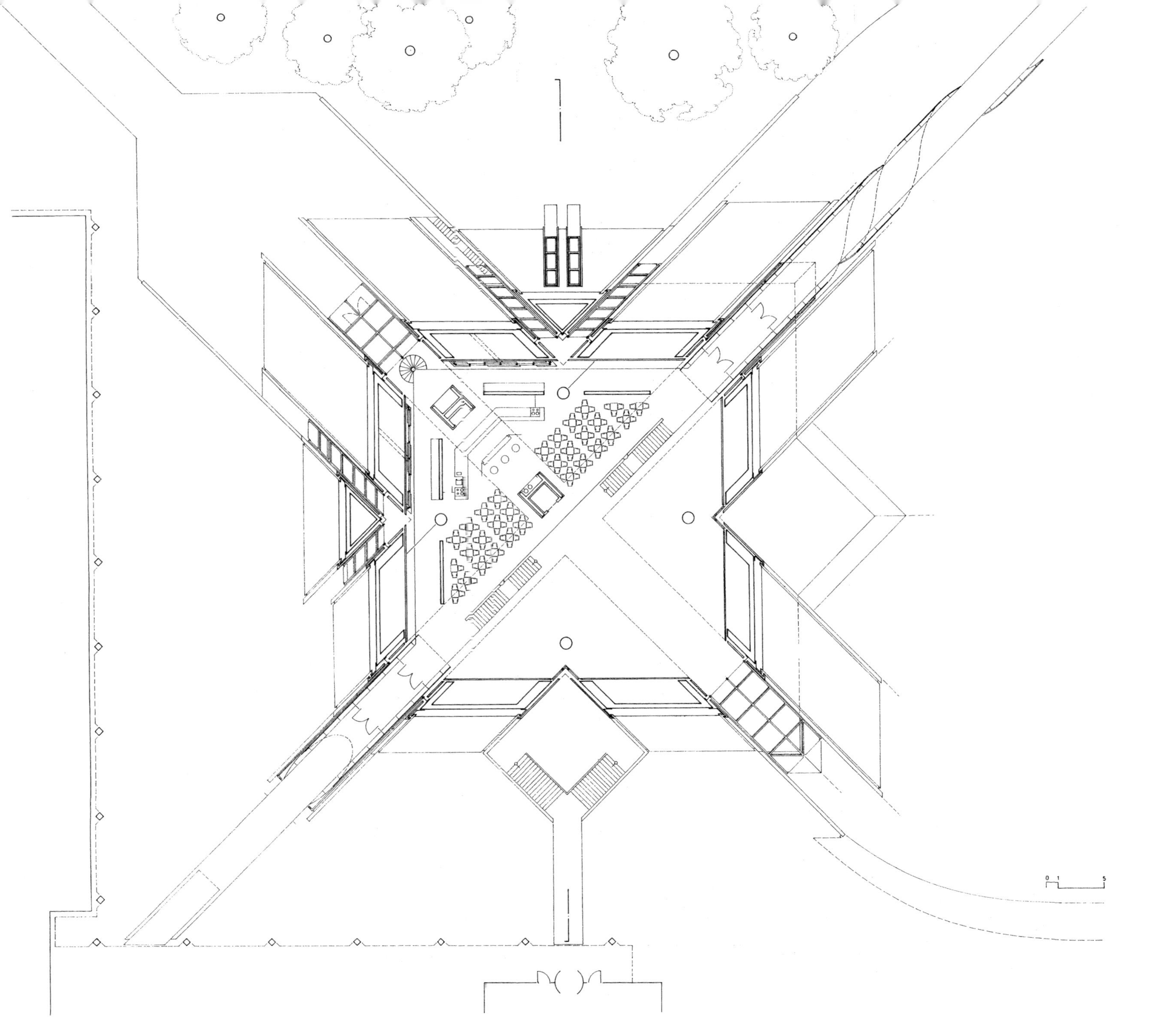

Ebene ±0 – Zugangsebene
Level ±0 – Access level

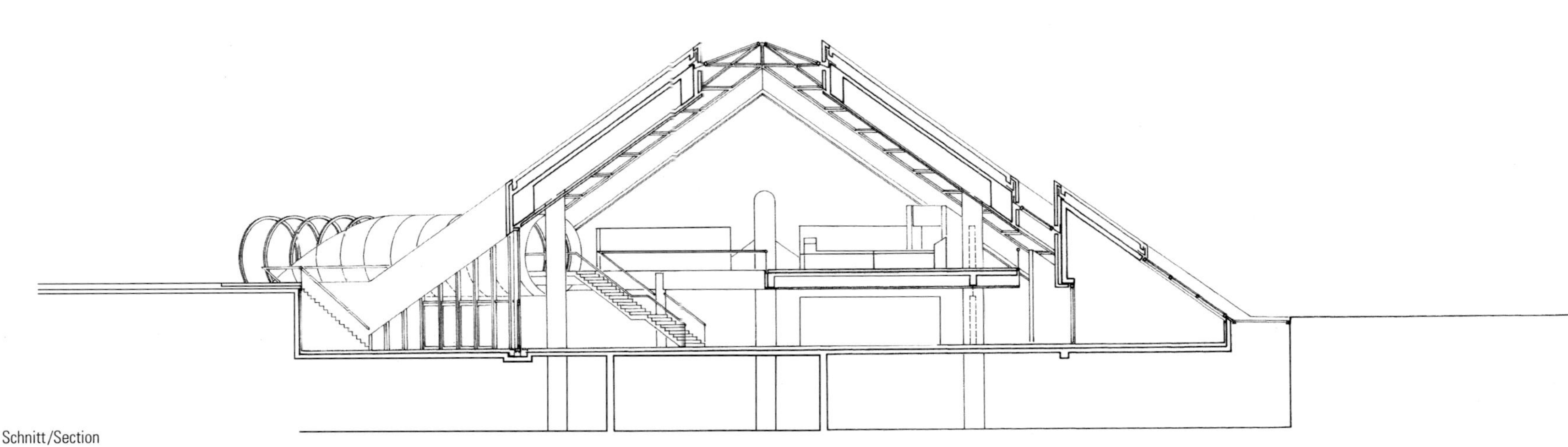

Schnitt/Section

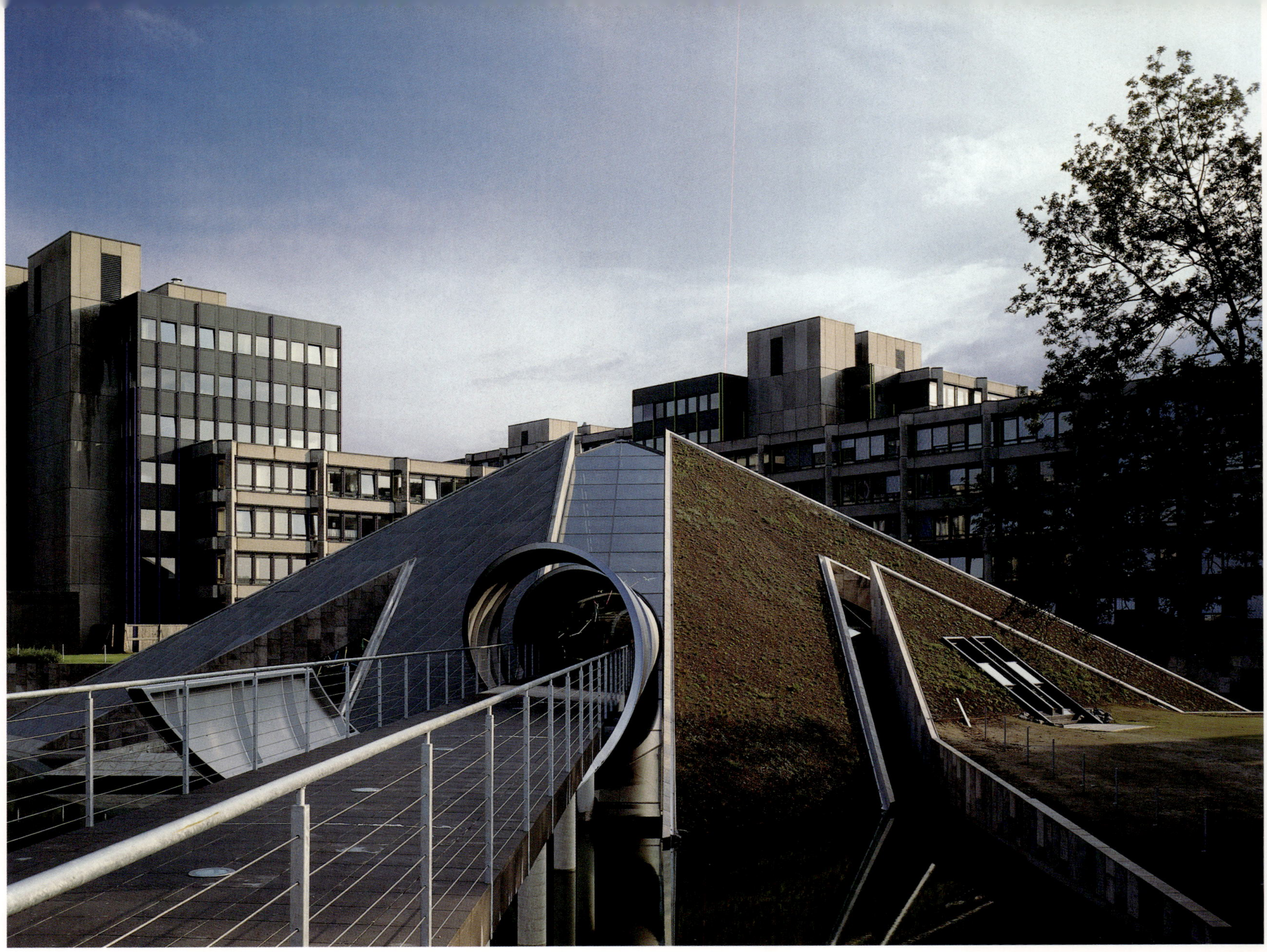

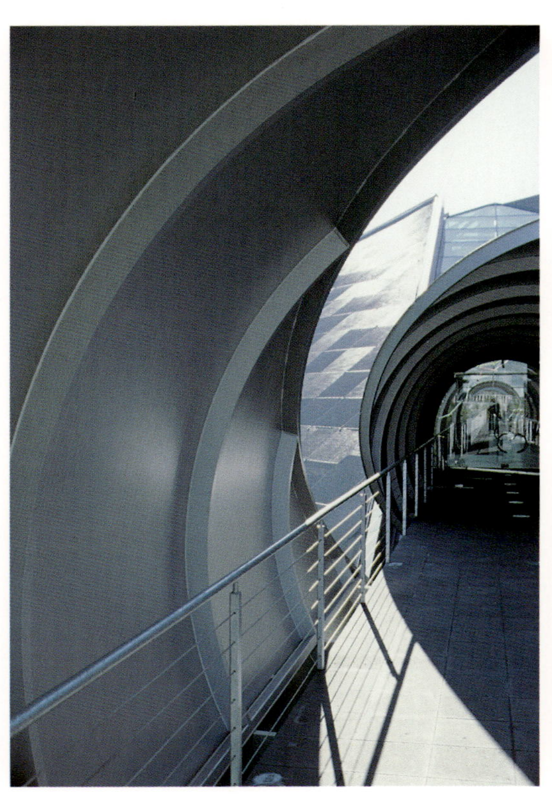

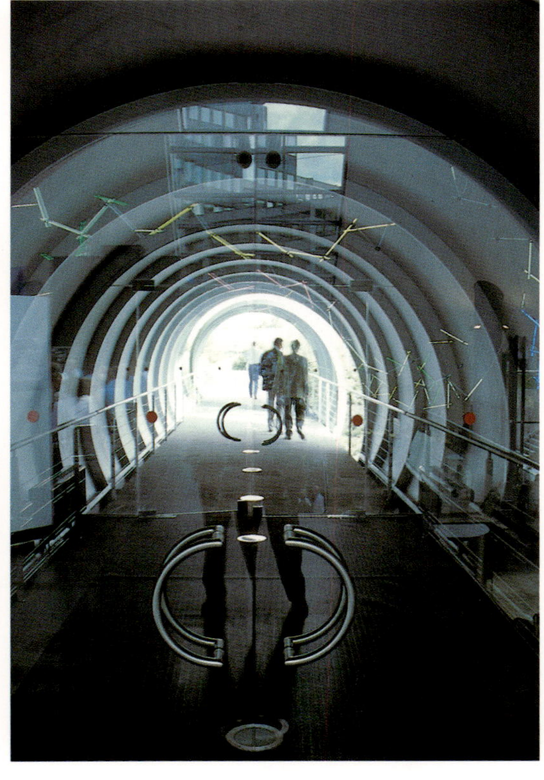

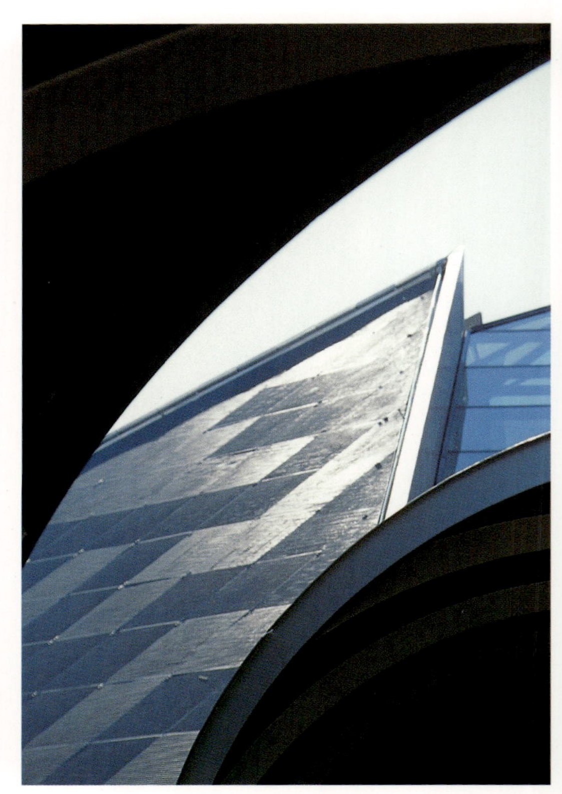

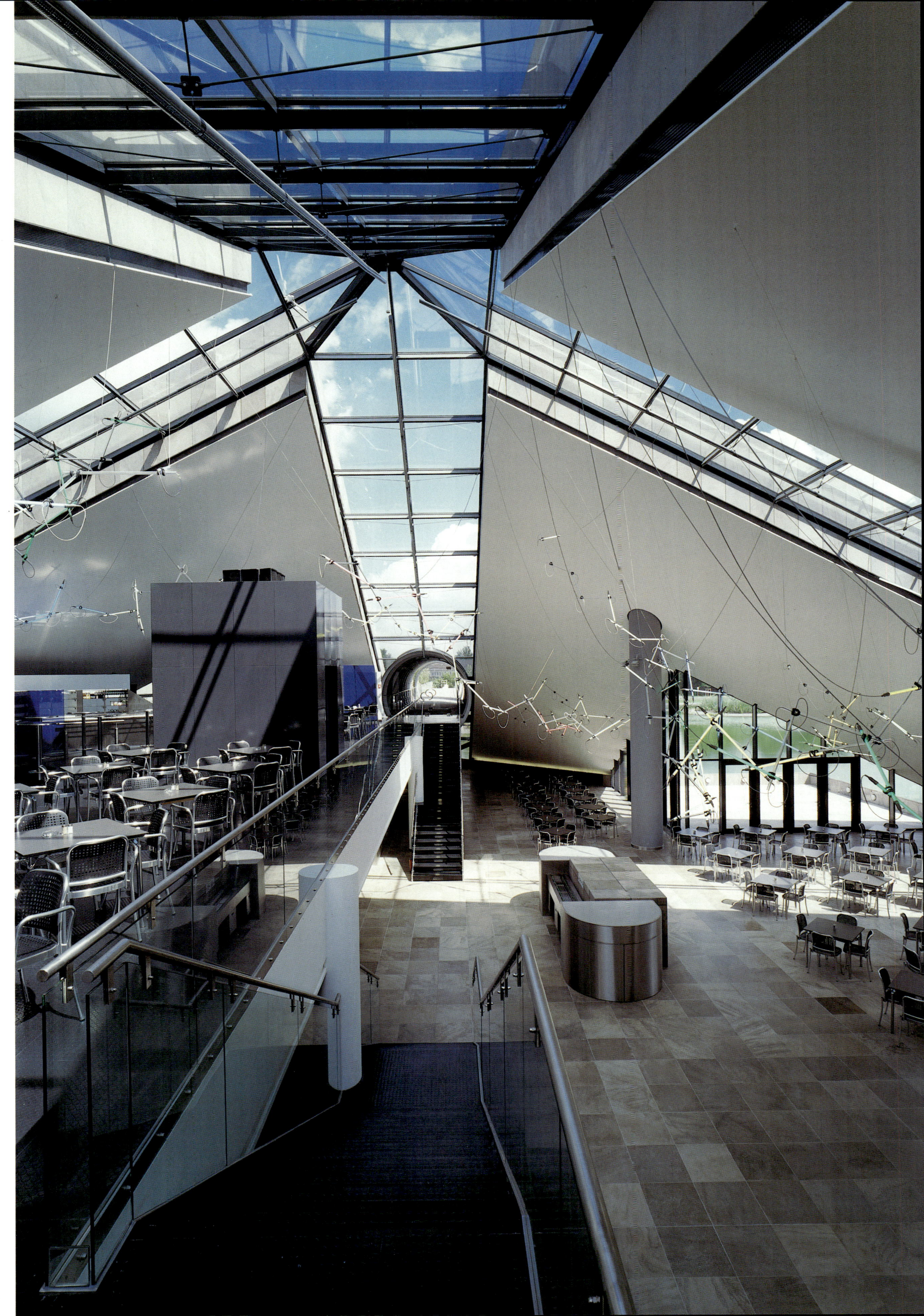

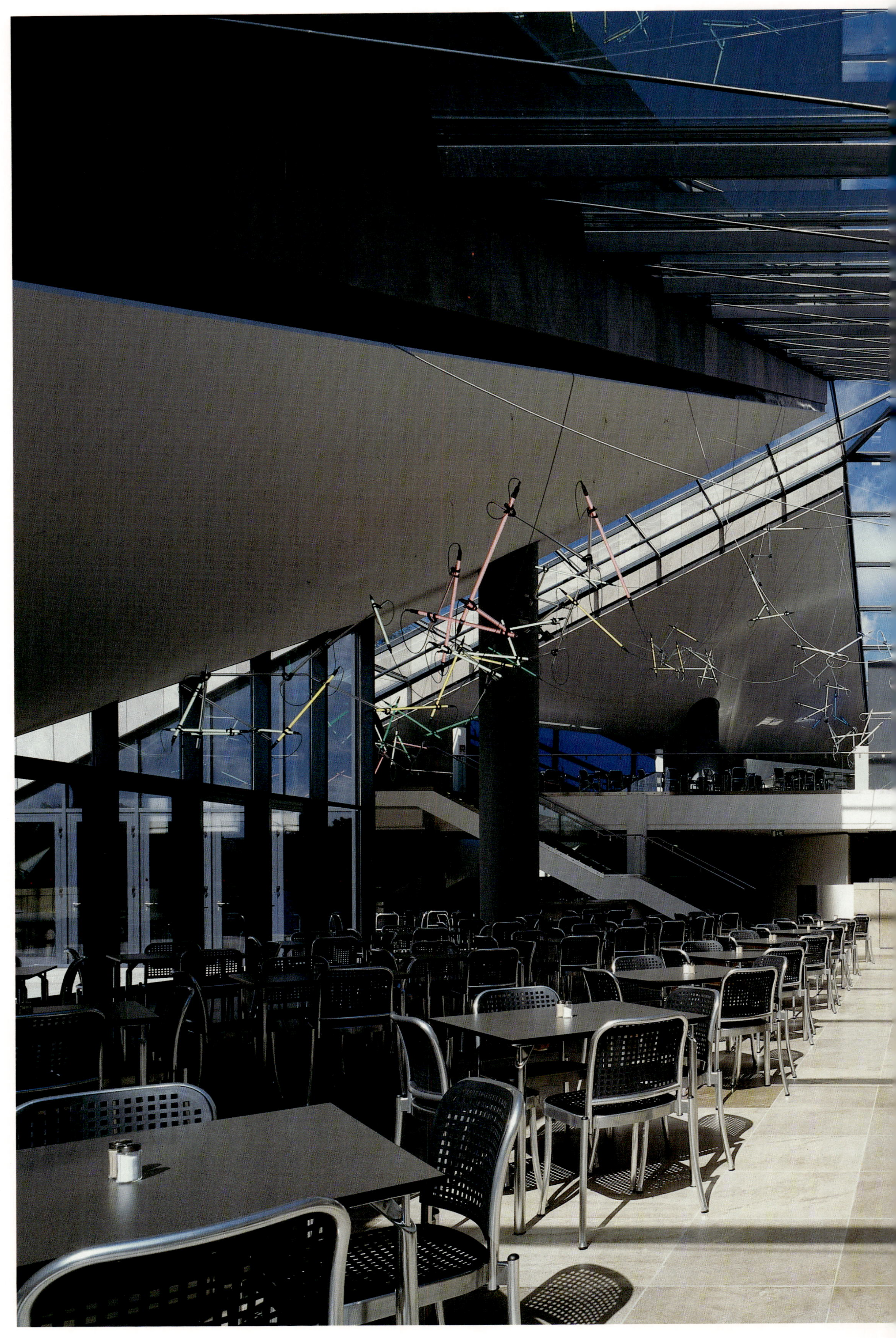

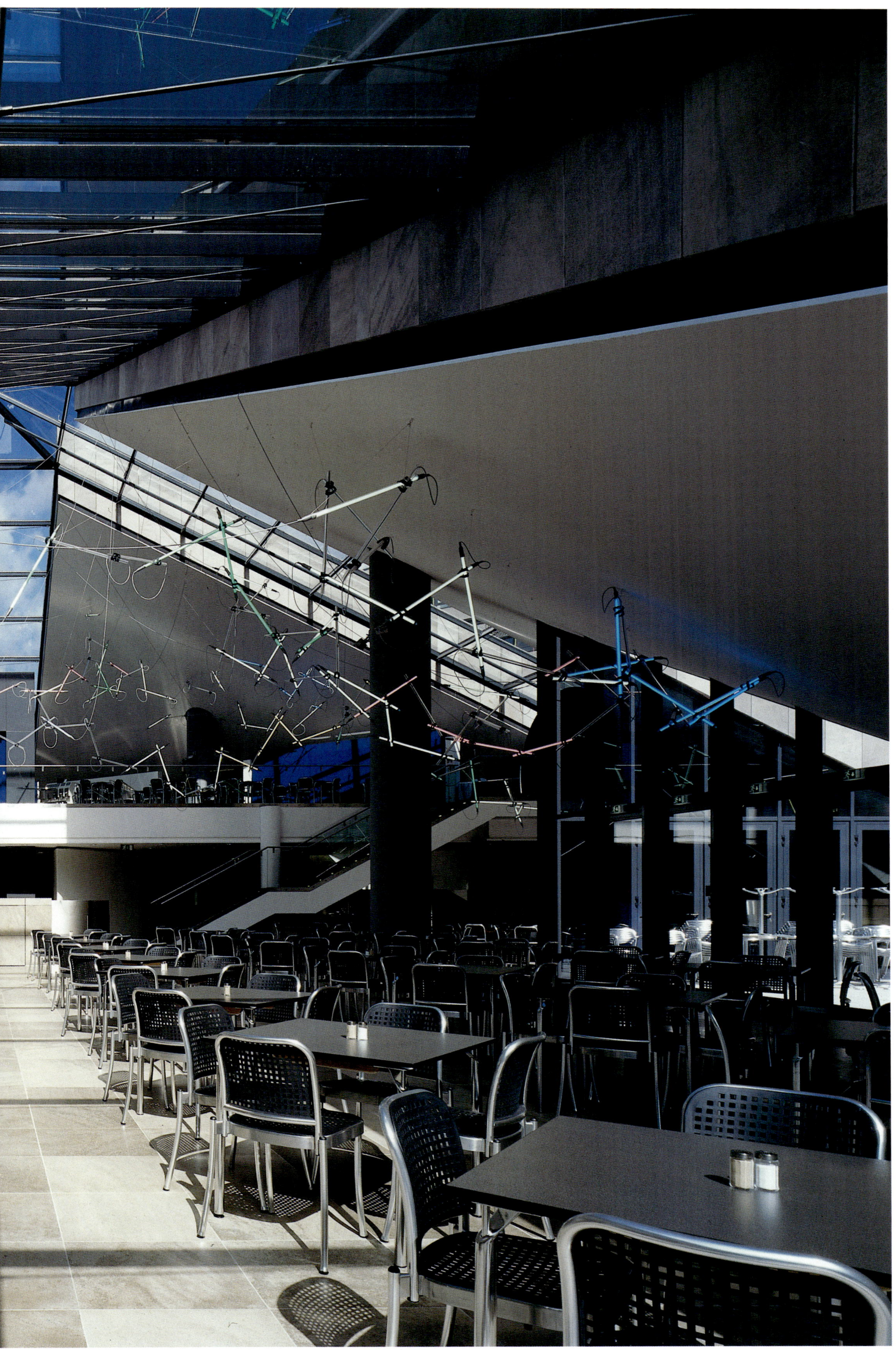

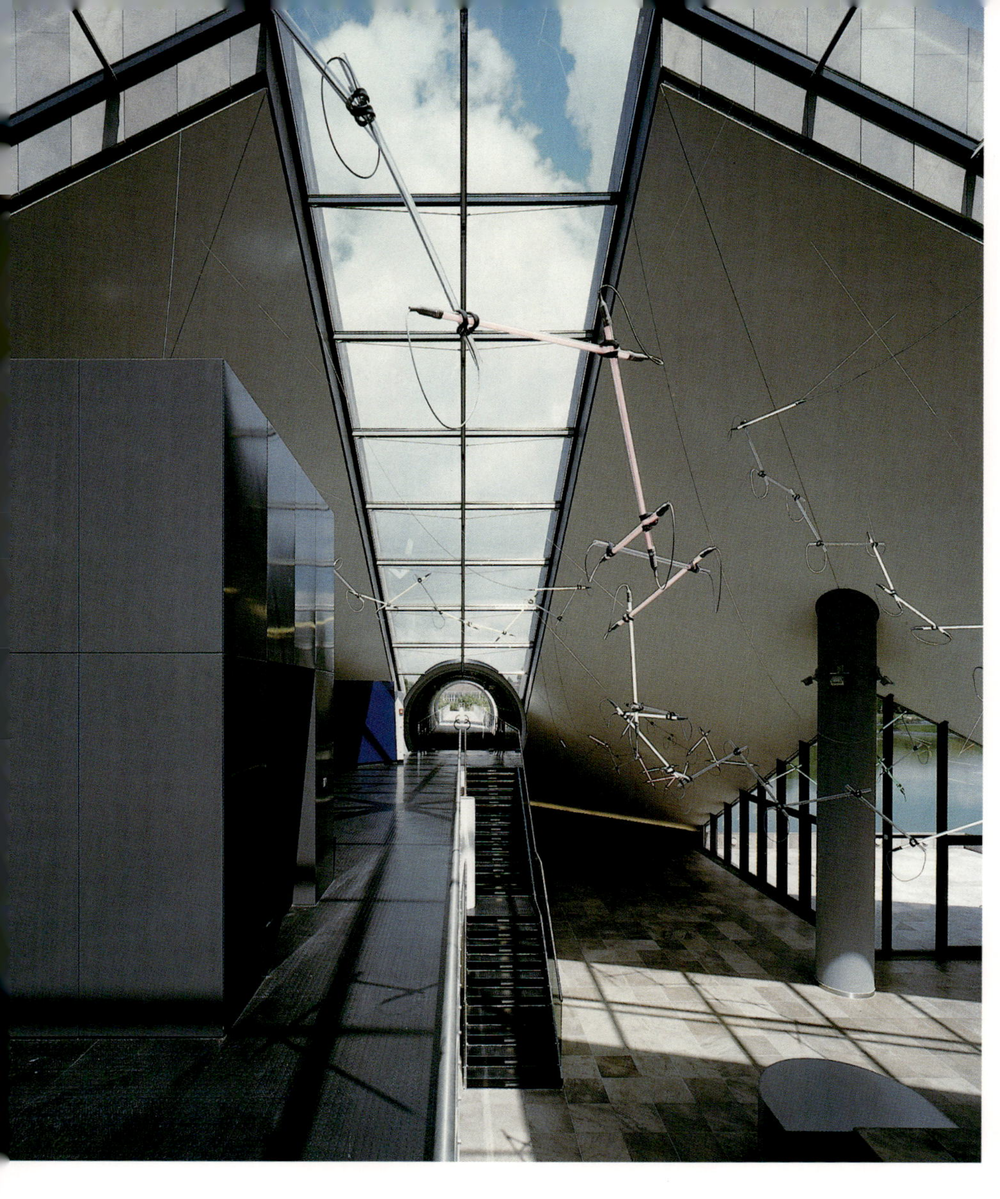

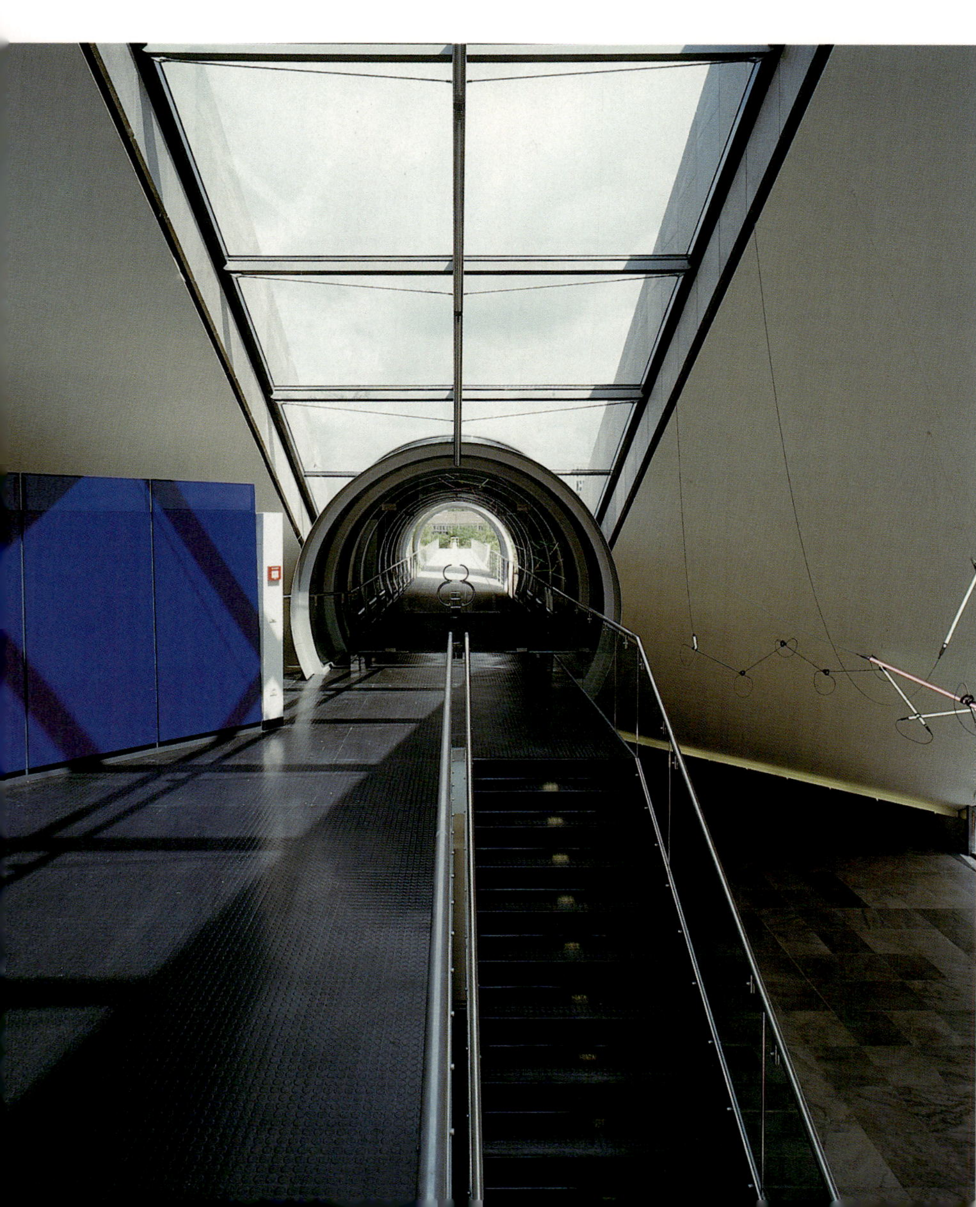

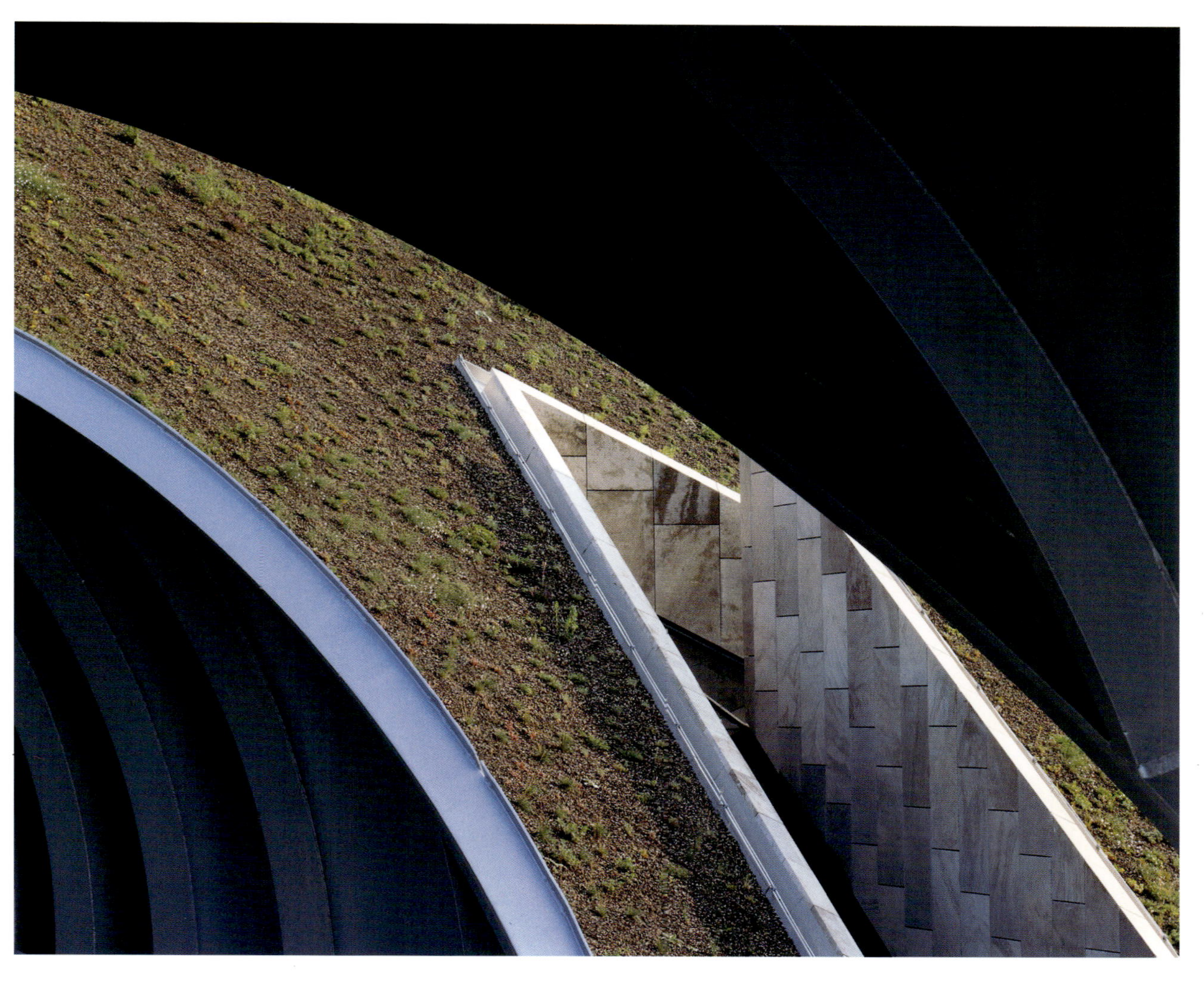

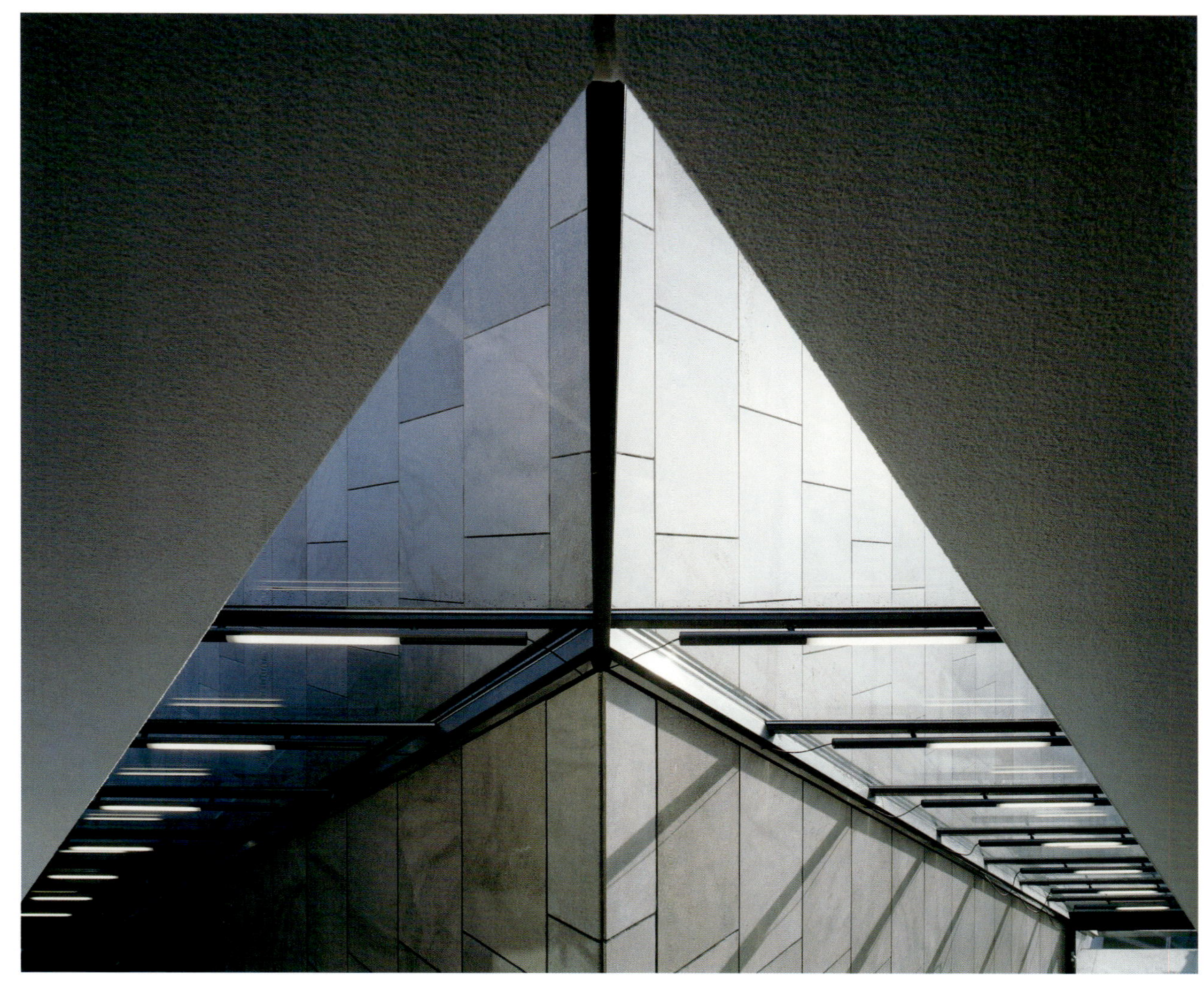

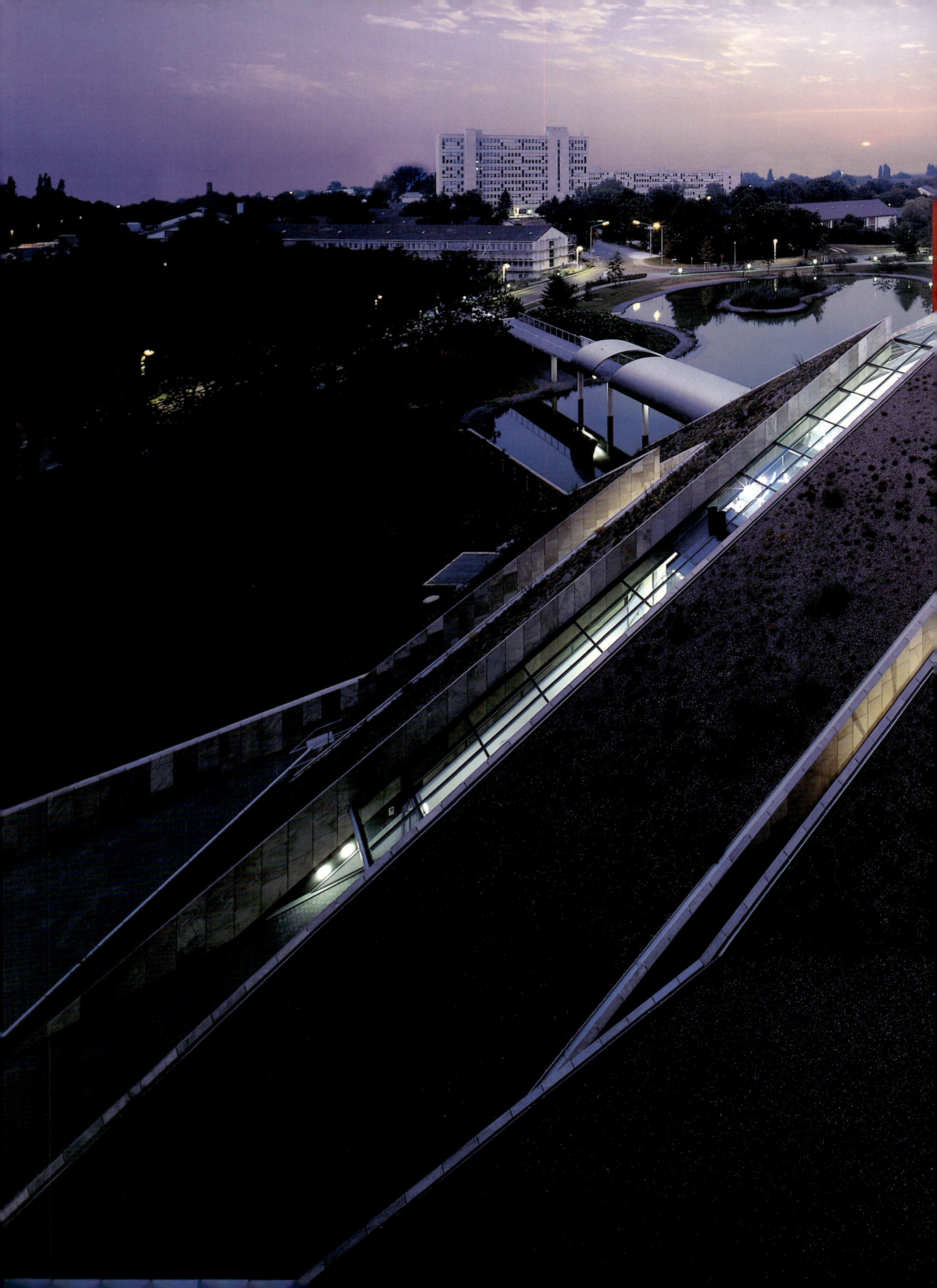

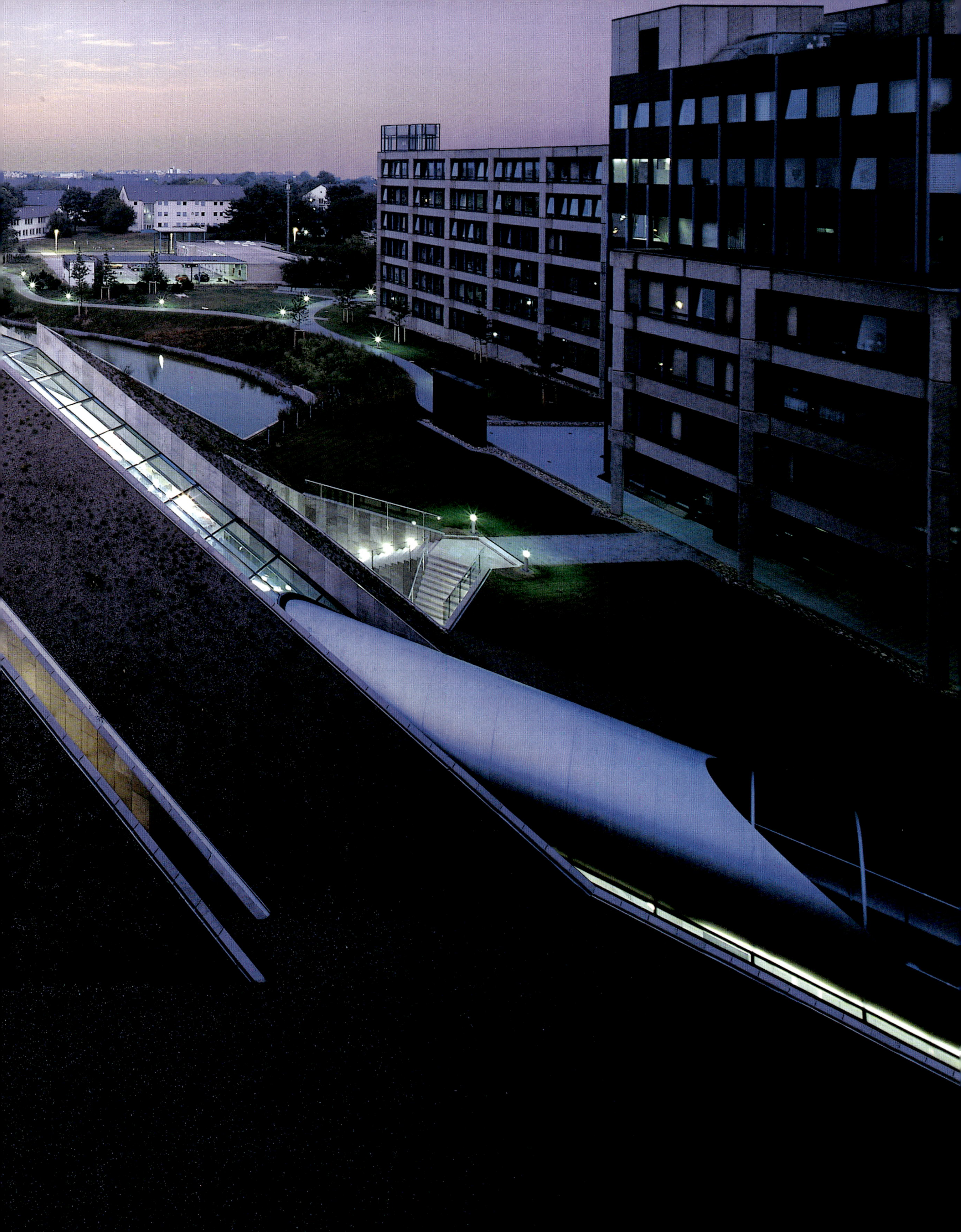

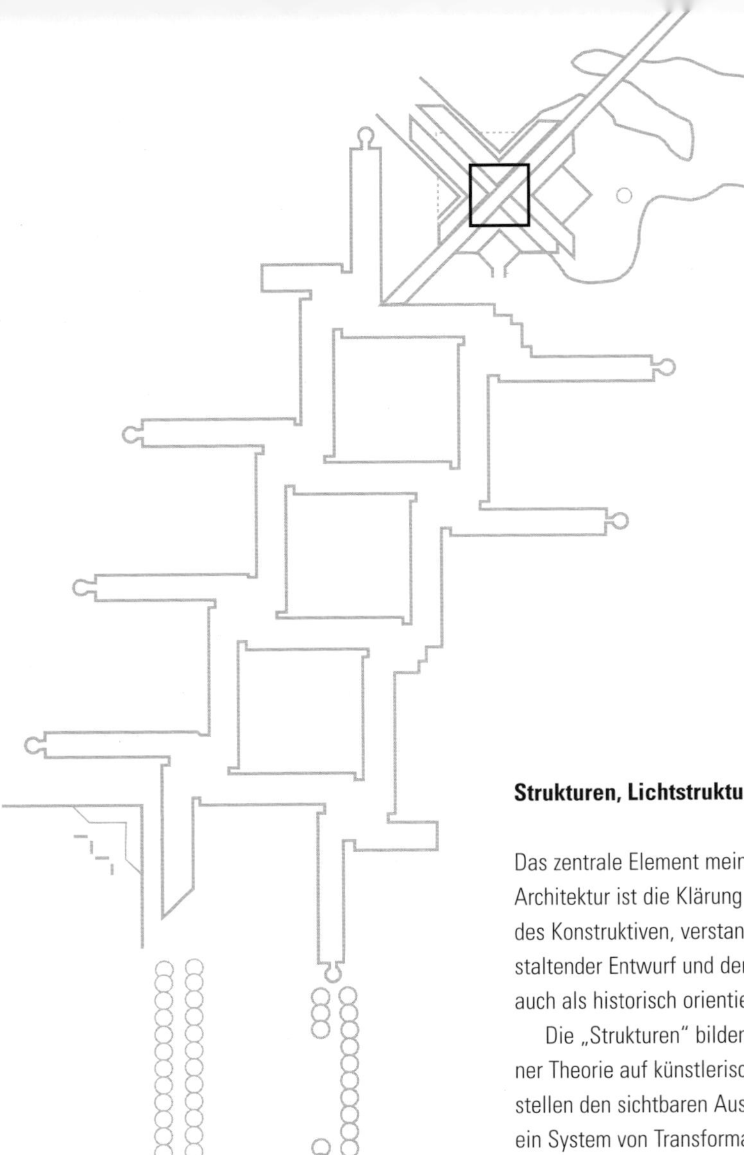

Leonardo Mosso

Lichtwolke
Light Cloud

Bodenarbeit: in der Zeche Zollverein
Floor piece: in the Zeche Zollverein

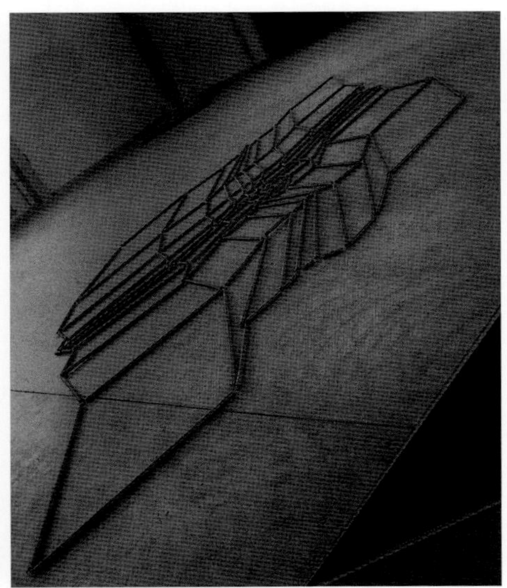

Strukturen, Lichtstrukturen, Lichtwolke Hardtberg

Das zentrale Element meiner Forschungsarbeiten in Kunst und Architektur ist die Klärung des Begriffs „Struktur" im Bereich des Konstruktiven, verstanden zum einen als die Umwelt gestaltender Entwurf und deren Analyse, zum anderen aber auch als historisch orientierte Methodologie.

Die „Strukturen" bilden die sichtbare Manifestation meiner Theorie auf künstlerischer Ebene, genauer gesagt: Sie stellen den sichtbaren Ausdruck der Struktur der Form als ein System von Transformationen und Möglichkeiten dar.

Die „Strukturen" sind demzufolge nicht allein Kunstwerke, sondern auch Systeme, die mit den historischen oder zeitgenössischen Architekturen, denen sie verbunden sind, in eine Wechselwirkung treten.

Die „Lichtstrukturen" sind das Ergebnis der im Zusammenhang mit den Entwürfen für das Kasino-Süd begonnenen Forschung, mit der Absicht, das Neonlicht als intergrierten und konstruktiven Teil meiner eigenen klassischen Strukturen einzusetzen. Die Raumstruktur der Lichtwolke ist das Resultat einer langjährigen Arbeit, die Studium, Versuche, Vergleich und Integration mit der Architektur von Hölzinger umfasste und die schon mit den ersten Planungsphasen einsetzte.

Die vollkommene Flexibilität der formalen Konfiguration der Lichtwolke Hardtberg wurde durch ein System elastischer Gelenke ermöglicht, an dem ich seit 1970 arbeite. Die Lichtwolke besteht aus zwanzig Lichtstrukturen, von denen jede eine Länge von ca. 20 m hat. Sie sind gleichzeitig Kunstwerk und zentrales Beleuchtungssystem des grossen Speisesaals und verwirklichen ihr Ziel, die vier Klappen des Kasino Süd, den dominierenden plastischen Elementen dieser Architektur, den Schein des Schwebenden zu verleihen. Gleichzeitig nimmt die Lichtwolke Hardtberg das elementare Zeichen des Winkels, das ein Hauptmerkmal der Entwürfe der letzten Jahre von Hölzinger darstellt, wieder auf und entwickelt es frei im Raum.

In bestimmten Fällen unterstreicht die Struktur baulichkonstruktive Details und plastische und räumliche Lösungen der Architektur und hebt sie in den Vordergrund, wie beispielsweise die Ablösung der Mauerscheiben von den Klappenuntersichten zwischen Publikums- und Funktionsbereich.

Structures, light structures, Light Cloud Hardtberg

The central element of my research into art and architecture is the clarification of the term „structure" in the realm of the constructive, understood on one hand as the design shaping the environment and its analysis, and on the other, as a historically oriented methodology.

The „structures" form the visible manifestation of my theory on an artistic level – more precisely, they represent the visible expression of the structure of the form as a system of transformations and possibilities.

The „structures" are therefore not only pieces of art but also systems that enter into an interaction with the historic or contemporary architectures to which they are attributed.

The „light structures" are the result of the research started in context with the designs for the south cafeteria, with the intention of using the neon light as an integrated and constructive part of my own classical structures. The spatial structure of the Light Cloud is the result of a year-long project that included the study, tests, comparison and integration with Hölzinger's architecture and that had already been started during the initial planning stages.

The complete flexibility of the formal configuration of the Light Cloud Hardtberg was enabled by a system of elastic joints that I've been working on since 1970. The Light Cloud consists of twenty light structures, each with a length of approximately 20 m. They are simultaneously a work of art and a central lighting system for the large dining hall, and they realize their goal of giving the four folds of the south cafeteria – the dominating sculptural elements of this architecture – an almost weightless expression, the appearance of floating. At the same time, the Light Cloud Hardtberg takes up the elementary symbol of the angle, a main characteristic of Hölzinger's designs during the past years, and develops it freely in the space.

In certain cases, the structure enhances architectural-constructive details, and the sculptural and spatial solutions of the architecture are placed into the foreground – for example, the detachment of the wall discs from the undersides of the folds between the public and the functional areas.

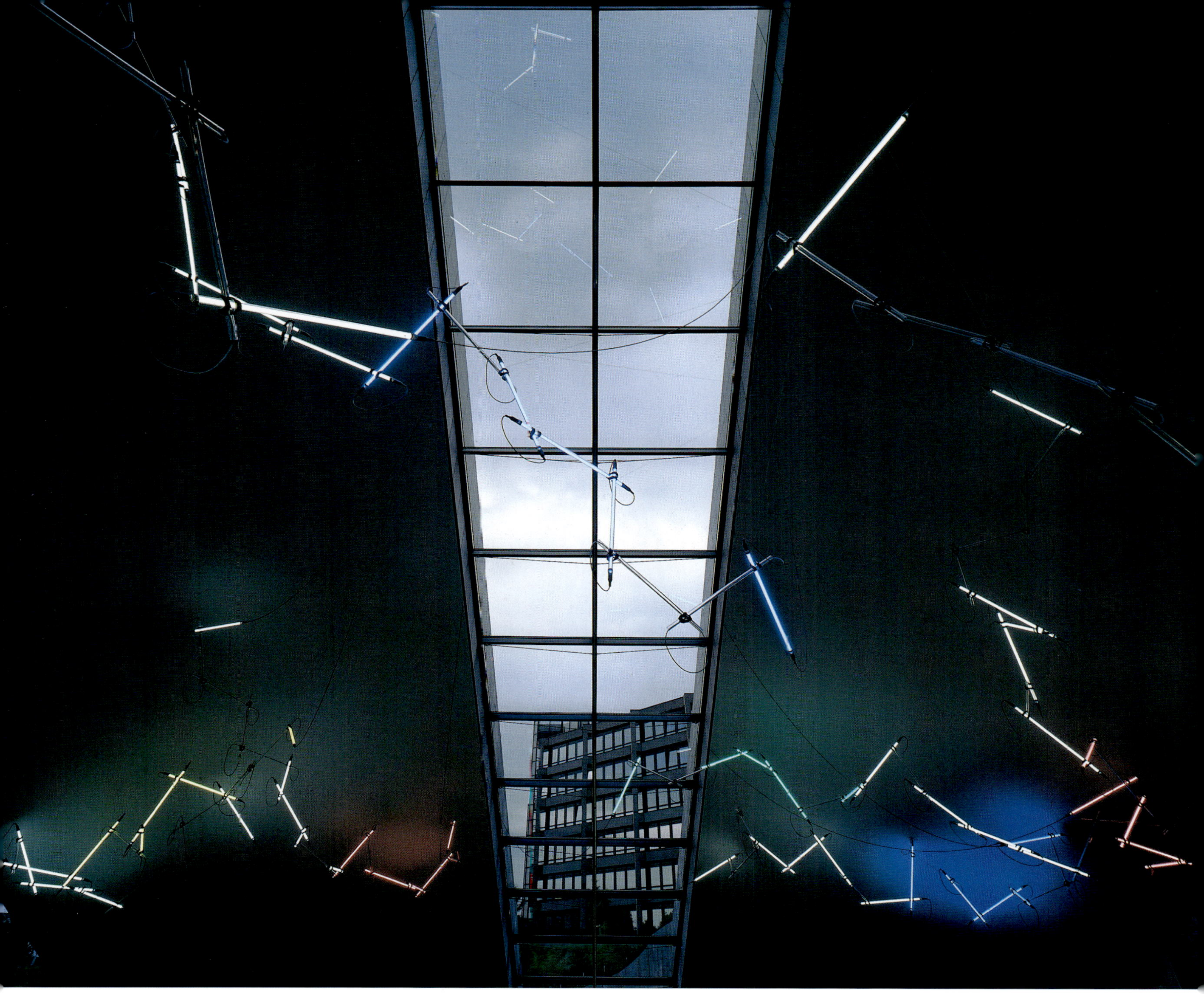

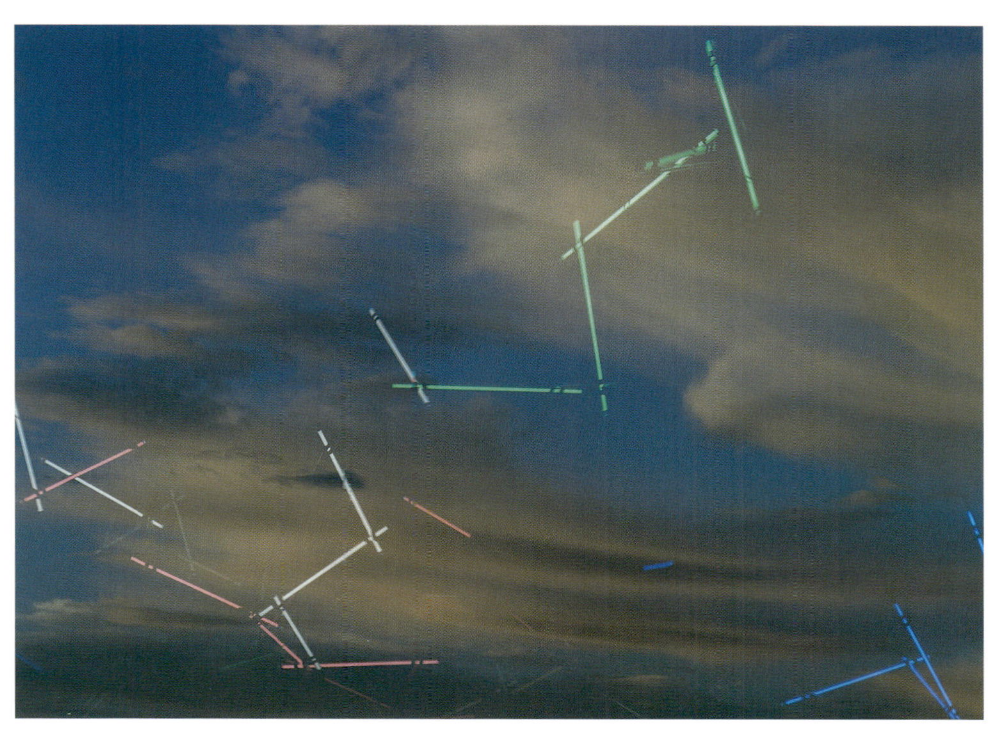

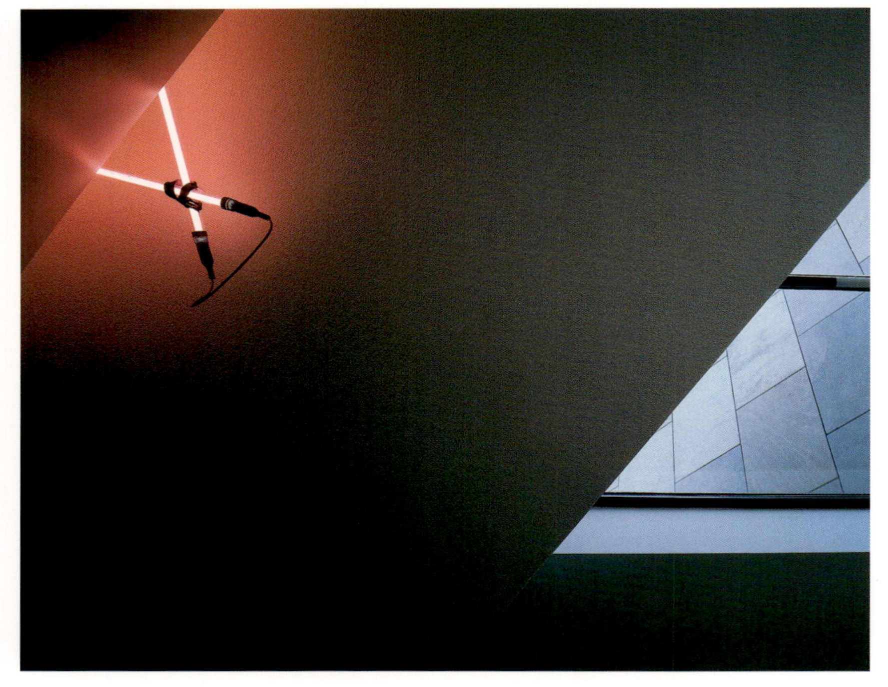

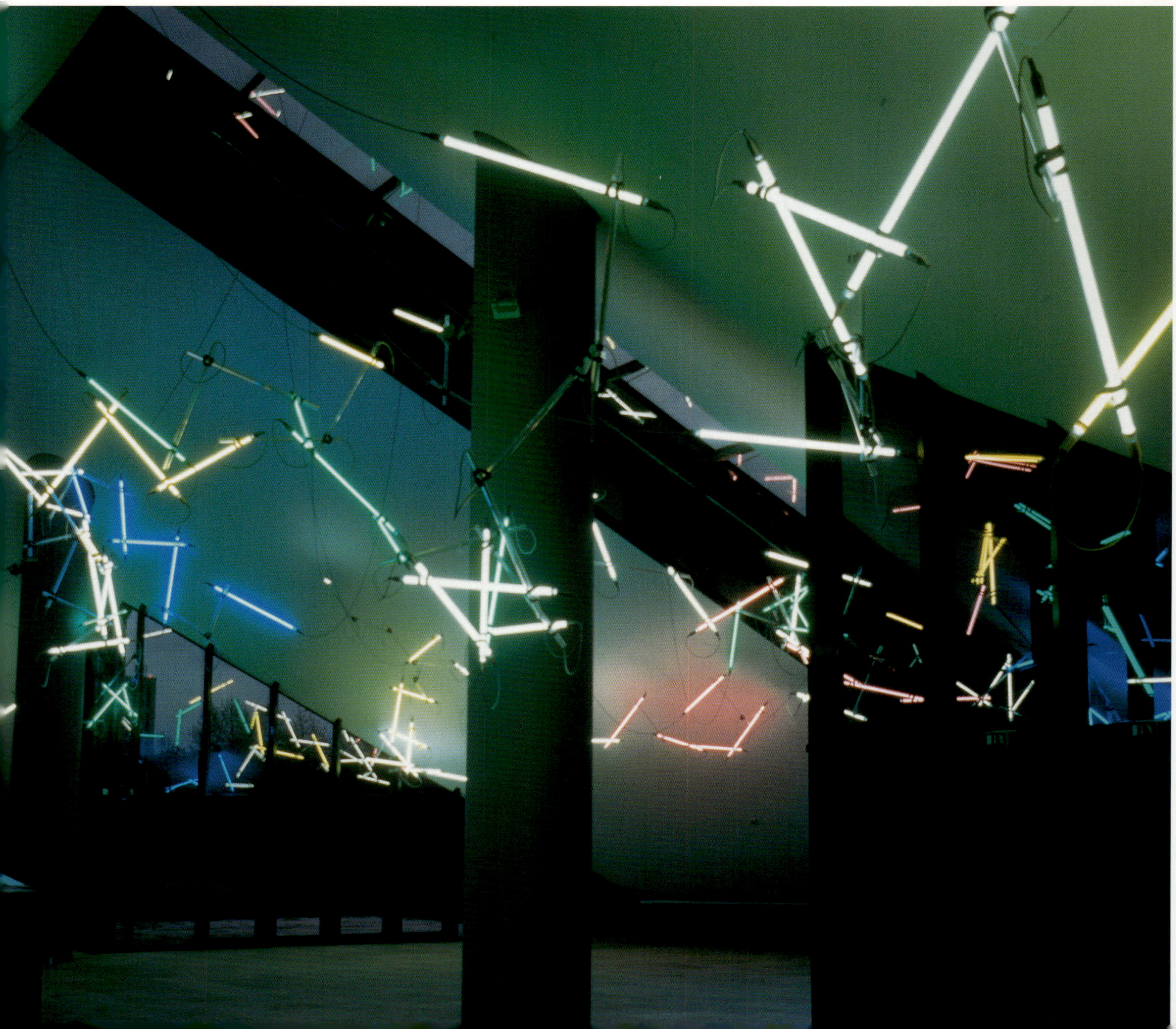

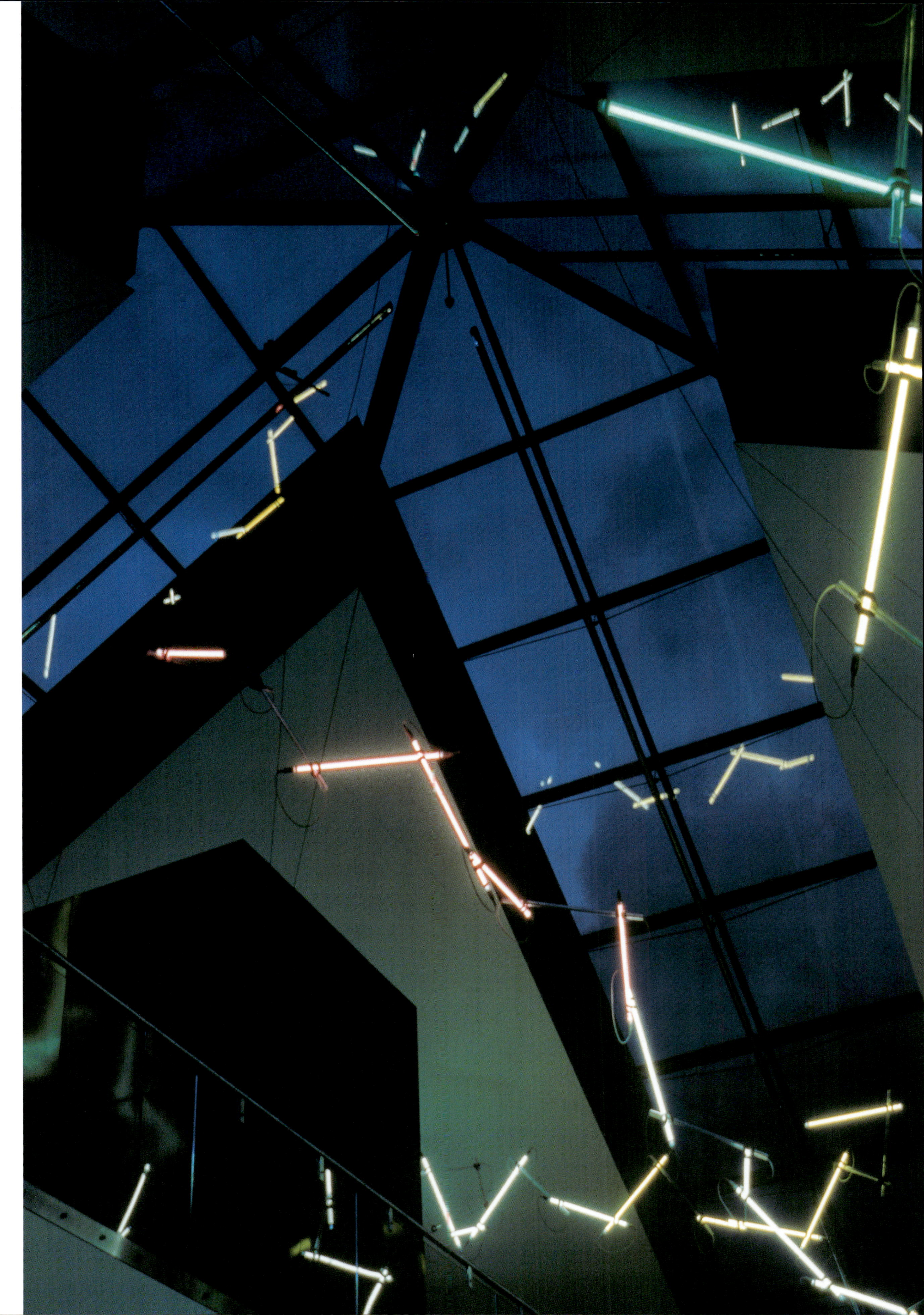

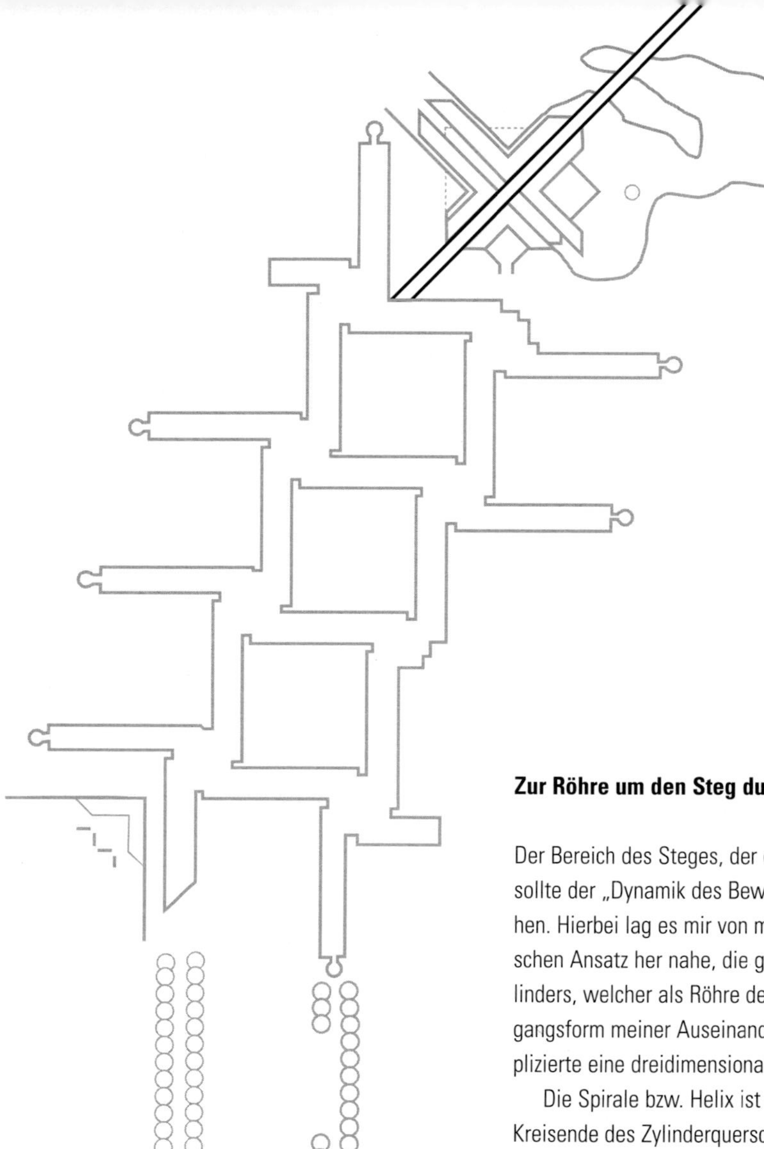

Norbert Müller-Everling

Spirale
Spiral

„Ohne Titel", 1982, 70 x 130 x 8 cm
„Untitled", 1982, 70 x 130 x 8 cm

Zur Röhre um den Steg durch das Kasino

Der Bereich des Steges, der das Kasino diagonal durchdringt, sollte der „Dynamik des Bewegungsflusses" Ausdruck verleihen. Hierbei lag es mir von meinem konstruktiven künstlerischen Ansatz her nahe, die geometrische Grundform des Zylinders, welcher als Röhre den Steg umschließt, zur Ausgangsform meiner Auseinandersetzung zu wählen. Dies implizierte eine dreidimensionale und integrierte Lösung.

Die Spirale bzw. Helix ist diejenige Form, in der sich das Kreisende des Zylinderquerschnitts mit dem linear Gerichteten seiner Längserstreckung optimal zu einer kraftvollen Bewegung vereinigt. Außerdem schafft sie durch die Dynamik ihres fliessenden Linienverlaufs einen gesteigerten Kontrapunkt zu der kristallinen Gestalt der Architektur. Ich habe daher von der Röhre, die im Bereich der Windfänge zunächst ganz geschlossen bleibt, durch einen spiralförmigen Schnitt ein flächiges Spiralband abgetrennt und so weit von ihr abgerückt, daß es sich zu einer Spiral-Skulptur emanzipiert, die sich freitragend um den Steg windet, ohne dabei den optischen Zusammenhang mit der Röhre zu verlieren. Gleichzeitig erreiche ich hiermit die schrittweise Auflösung der geschlossenen Röhrenform in den freien Raum hinein. Der Besucher verläßt das Kasino wie durch einen Geburtskanal, und erst allmählich eröffnen sich ihm schräg angeschnittene Durchblicke zum See und zur Landschaft hin. In umgekehrter Richtung wird man fast sogartig von dem Röhren-Tunnel aufgenommen, um dann beim Betreten des Kasinoinneren dessen Weite und Lichterfülltheit umso intensiver zu erleben.

Die Spirale ist eine der Urformen der Schöpfung. Sie liegt überall dort zugrunde, wo sich Bewegung und Entwicklung vollziehen, im Kleinen (DNS) wie im Größten (Galaxien), in den Bewegungen des Wassers wie in den Wachstumsmustern der Pflanzen- und Tierwelt. Ebenso durchwirkt sie die leiblich-seelisch-geistige Organisation des Menschen und spielt daher in seinen kulturellen Äußerungen von jeher eine wichtige Rolle. Der Mitvollzug der Spirale, insbesondere wenn er wie hier zu einem räumlichen Erlebnis wird, spricht den ganzen Menschen an und bringt ihn in Resonanz mit seinen Ursprüngen.

Auf der gegenüberliegenden Seite des Steges wird der Mantel der Röhre schräg abgeschnitten, während die Tragringe ihren vollen Umfang beibehalten. Es vollzieht sich ein Spiel mit den konstruktiven Elementen der Röhre, wobei die Tragringe sich schrittweise aus ihrer Funktion lösen, sich zu freistehenden Ring-Skulpturen verselbständigen und gleichzeitig die imaginäre Fortsetzung der Röhre andeuten.

About the tube surrounding the bridge through the cafeteria

The area of the bridge that diagonally penetrates the cafeteria was to provide an expression to the „dynamic of the flow of movement". Given my constructive artistic approach, it was advantageous for me to choose the basic geometrical form of the cylinder, which surrounds the bridge like a tube, as the primary form for dealing with this issue. This implied a three-dimensional and integrated solution.

The spiral or helix is the form in which the end of the circle of the cylinder cross section optimally unites into a powerful movement with the linear orientation of its longitudinal span. Besides, through the dynamics of its flowing line sequence, it creates an enhanced counterpoint to the crystalline gestalt of the architecture. Therefore, I cut off a spiral strip from the tube that at first is completely closed in the area of the vestibule and then moved it away from the latter, far enough to be liberated enough to evolve into a spiral sculpture. It winds freely around the bridge without loosing the visual context with the tube. At the same time, I achieve the gradual resolution of the closed tube form into the free space. The visitor leaves the cafeteria as if passing through a birth channel; the overlooks are cut at an angle facing the lake and the landscape and reveal themselves only gradually. In the opposite direction, the tunnel admit visitors almost with a vacuum-like suction, only to expel them into the more intensely experienced spaciousness and light of the cafeteria.

The spiral is one of the essential shapes of creation. It is the basis wherever movement and development occur – on a small scale (DNS) as well as on a large scale (galaxies), in the movements of water as well as in the growth patterns of the plant and animal kingdom. It permeates the physical and spiritual organization of man and has therefore always played an important role in man scultural expressions. Understanding the spiral and living with it, especially as a spatial experience as is the case here, appeals to the whole person and places him into harmony with his origins.

On the opposite side of the bridge, the casing of the tube is cut off at an angle, whereas the structural rings keep their full diameter. A play with the constructive elements of the tube occurs; step by step the bearing rings detach from their function, turning into independent, free-standing ring-sculptures while at the same time suggesting the continuation of the tube.

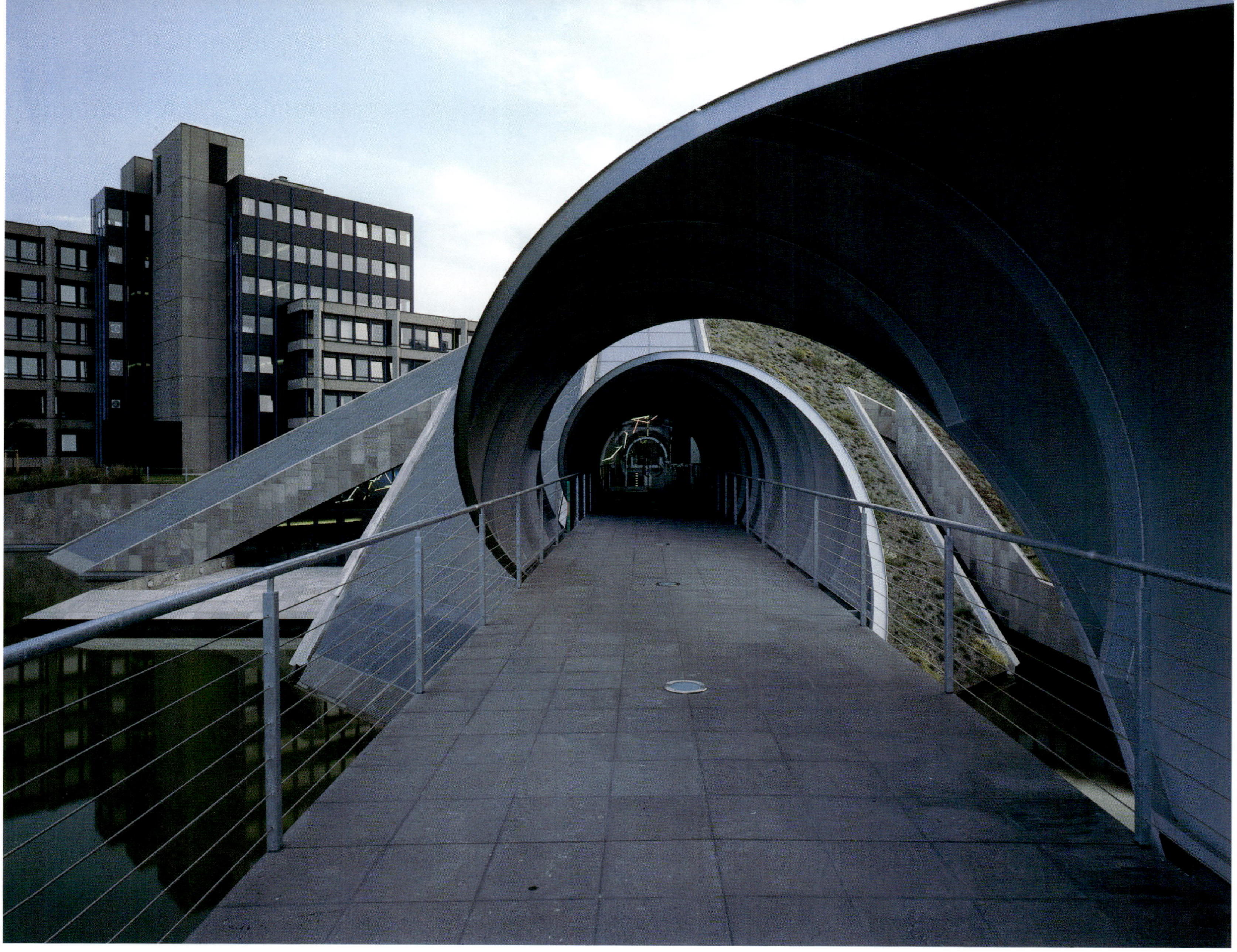

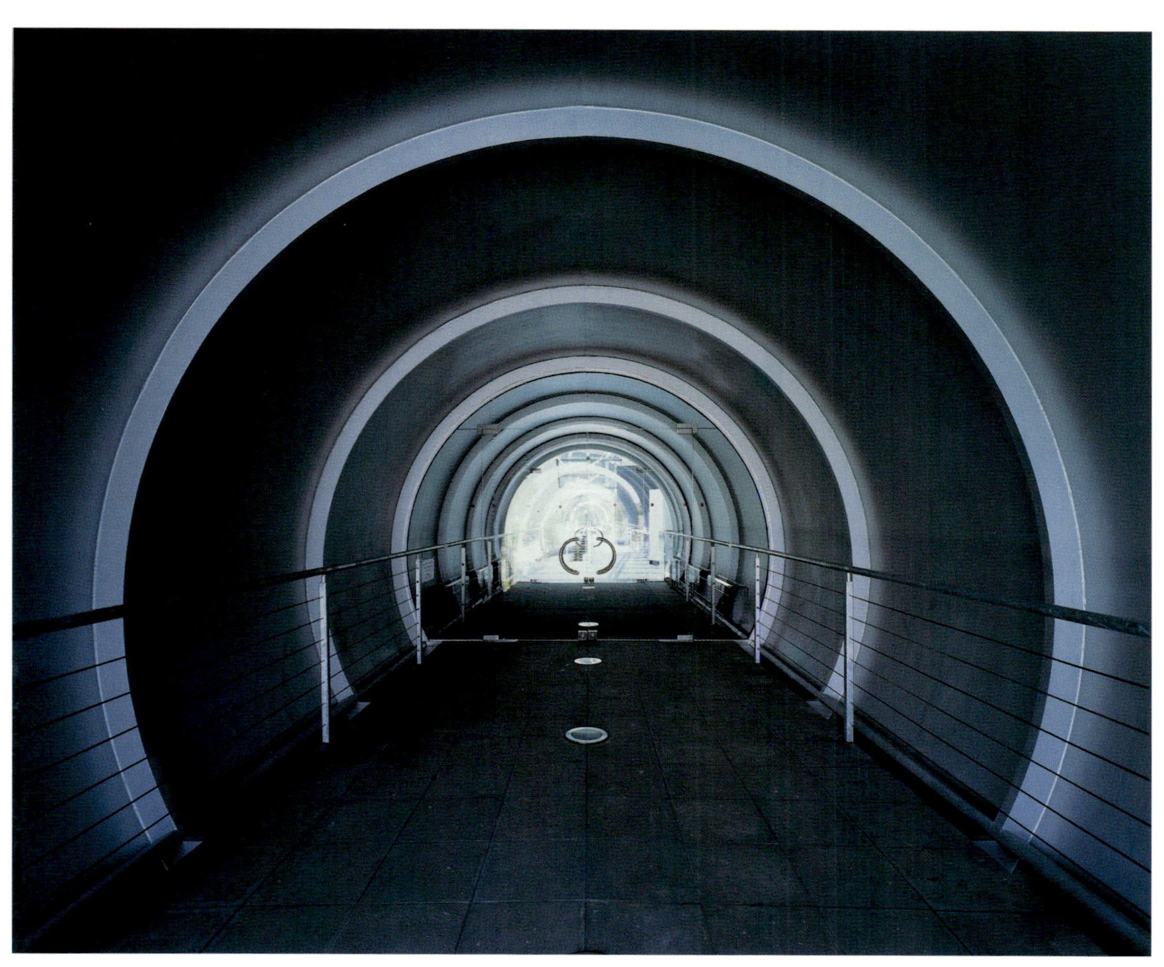

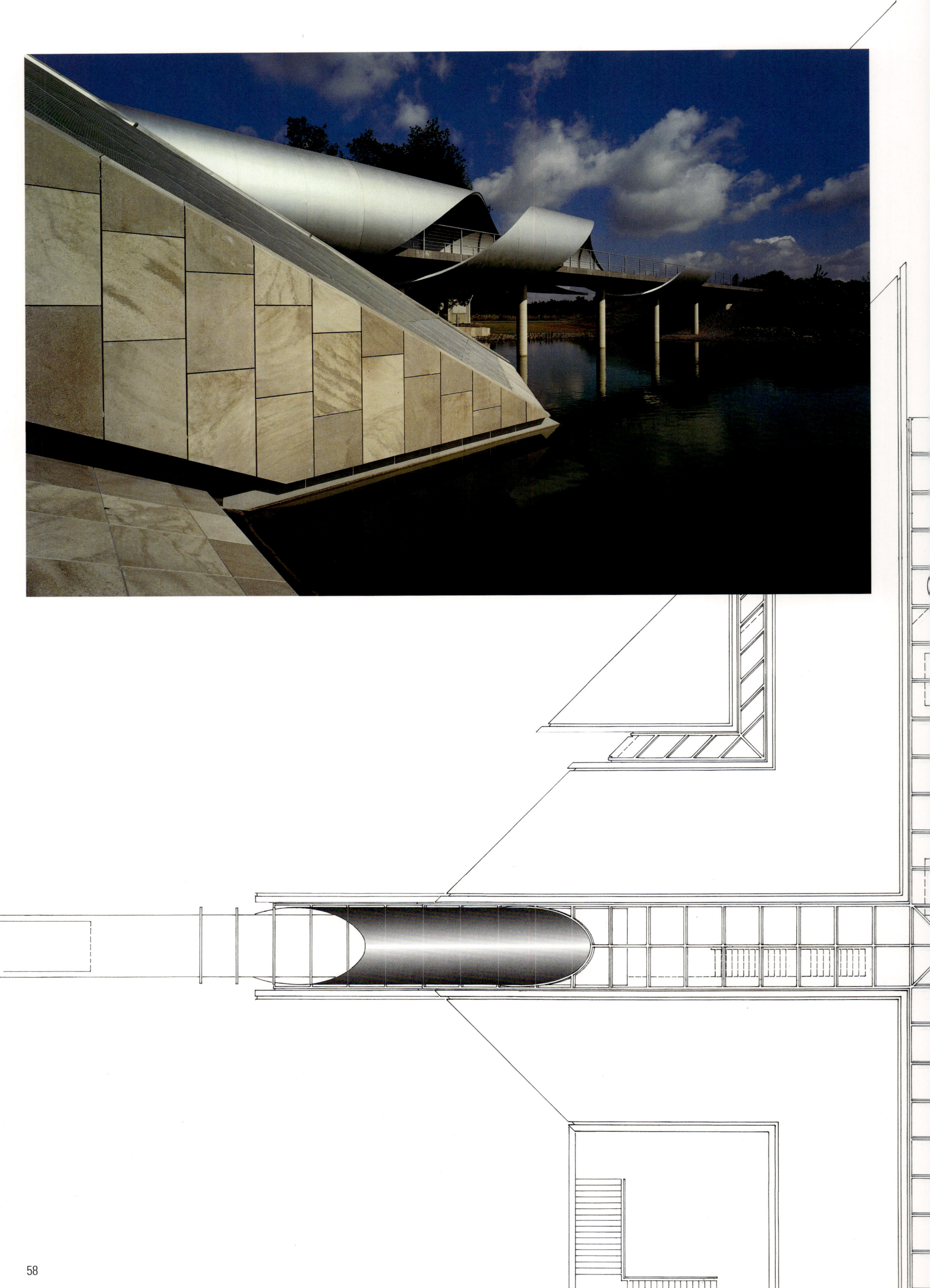

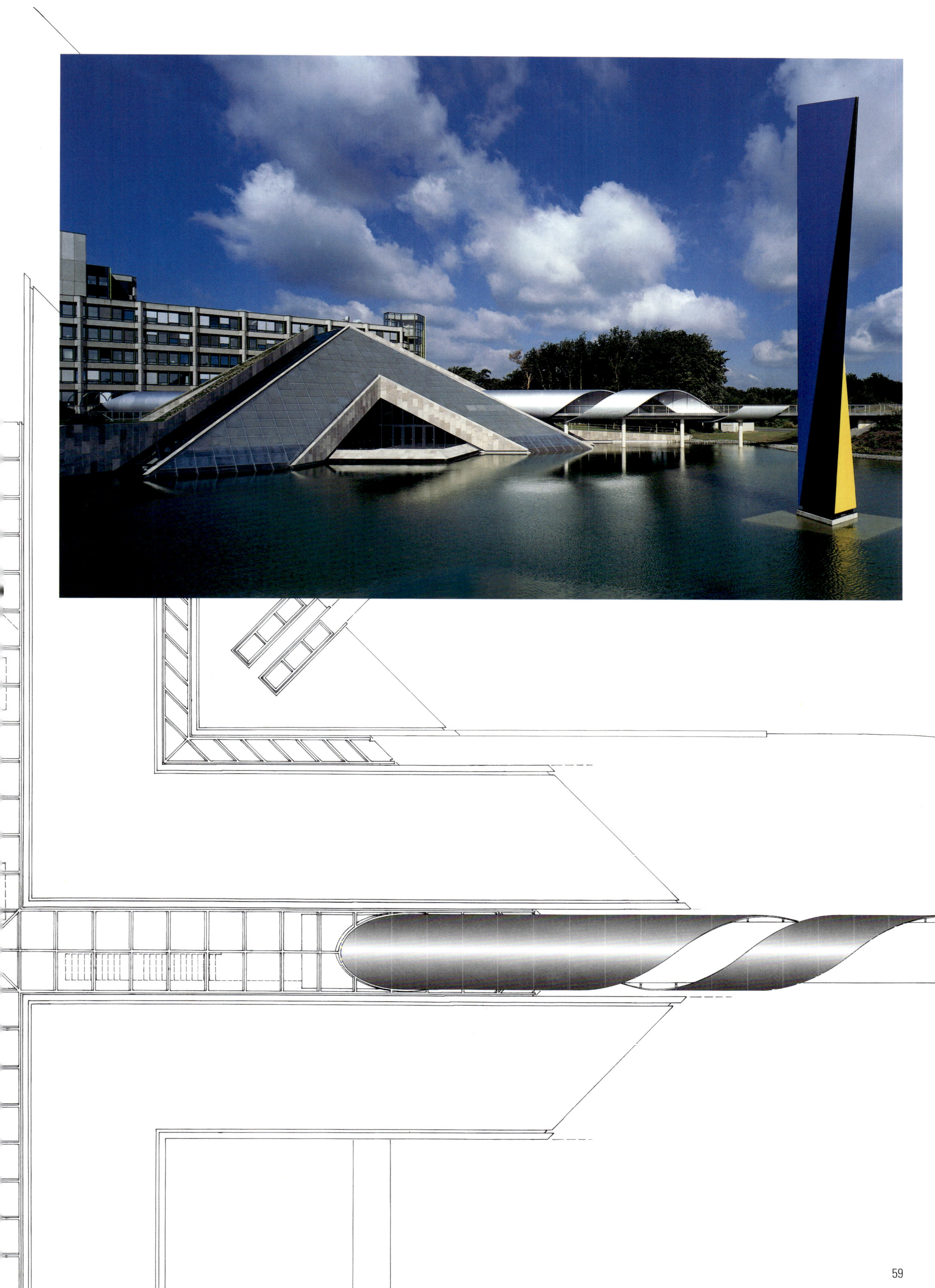

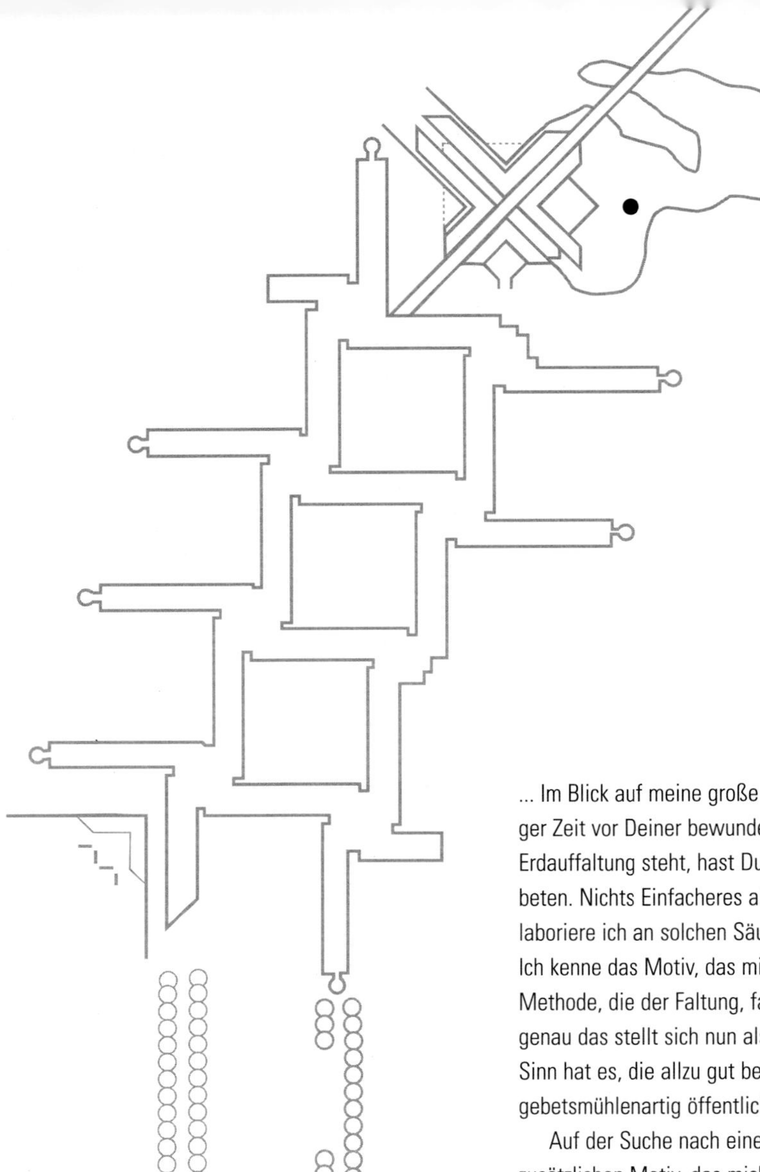

Eberhard Fiebig

Säule
Column

„Aurora", 1985
„Aurora", 1985

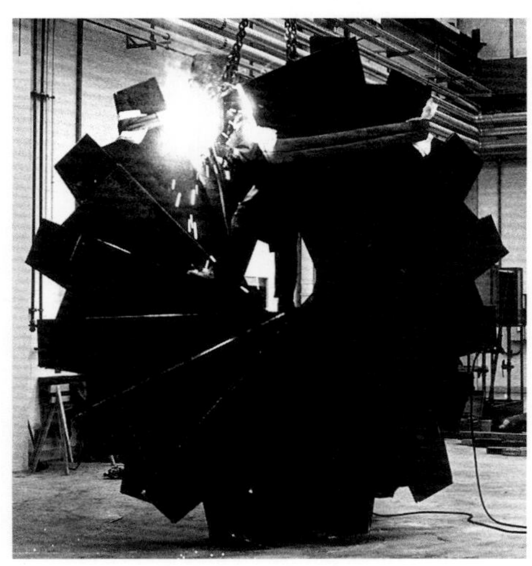

... Im Blick auf meine große gefaltete Säule, die nun seit einiger Zeit vor Deiner bewunderswerten pyramidenförmigen Erdauffaltung steht, hast Du mich um einen kurzen Text gebeten. Nichts Einfacheres als das, dachte ich. Schließlich laboriere ich an solchen Säulen schon seit über 35 Jahren. Ich kenne das Motiv, das mich bewegt und kann seine Methode, die der Faltung, fast im Schlaf hersagen. Aber genau das stellt sich nun als Hemmnis heraus. Denn welchen Sinn hat es, die allzu gut bekannten Gedanken immer wieder gebetsmühlenartig öffentlich zu reproduzieren.

Auf der Suche nach einem neuen Anlaß oder einem zusätzlichen Motiv, das mich anregen könnte, ist mir tatsächlich der glückliche Zufall, dem wir so vieles verdanken, zu Hilfe geeilt.

Als wir, Deiner Einladung folgend, vor kurzem auf der Hardthöhe das Werk der Freundschaft aus der Taufe hoben, wurde dieser einmaligen Einheit von Architektur und Kunst von allen Anwesenden in einem unbekannten Maße Beifall gespendet. So reichhaltig, daß ich mich gefragt habe, woher diese Einheit wohl kommen mag.

Sie kommt selbstverständlich aus Deinem untrüglichen Gefühl und Deiner unbestechlichen Ratio für die Architektur und die Kunst und das, was beide miteinander verbindet.

Als ich auf dem Heimweg noch einmal zurückschaute auf das Kasino, den Weiher und meine Säule, wurde mir plötzlich und zum ersten Mal klar, wie sehr sich Dein Motiv der Erdaufklappung und mein Verfahren der Faltung ähneln. Dem Prinzip nach sind sie einander gleich. Deine Aufklappungen und meine Faltungen.

Eigentlich hätte mir das längst bewußt sein sollen. Aber es ist tatsächlich so, daß es mir an jenem Tage zum allerersten Mal bewußt wurde. Vielleicht ist es ja so, daß die Dinge dicht und bewußt aneinandergerückt werden müssen, damit man erkennt, wie sehr sie sich morphologisch ähneln.

Dies könnte nun der Augenblick sein, Leibniz zu gedenken, für den die Falte die Erscheinungsform ist, die alles prägt. Aber eine solche Einlassung würde den Rahmen dieser kleinen Anmerkung, die Du von mir erwartest, bei weitem sprengen. Doch will ich auf diese Anmerkung nicht verzichten, als ein knappes Signal an alle jene, die glauben, die Kunst wäre das Produkt geschichtsloser, individueller Zuckungen.

Wenn von den Besuchern also festgestellt wurde, daß in diesem Ensemble von Architektur und Kunst ein ungewohnter Gleichklang herrscht, dann liegt das in unserem Fall sicher auch daran, daß Dein Gebäude und meine Säule einem ge-

... With regard to my large folded column, which has now been standing for some time in front of your adorable pyramid-shaped earth opening, you've asked me to send a short text. Nothing could be easier than that – or so I thought. After all, I've been working on such columns for over 35 years. I know the motifs that inspire me and can recite its method – folding – almost in my sleep. But this is exactly what now proves to be a hindrance. Because what sense is there in reproducing in public, over and over again like a prayer-mill, the much too well-known thoughts.

In my quest for a new reason or an additional motif that might stimulate me, lucky coincidence – to which we owe so much – has actually come to my rescue.

When recently, following your invitation, we launched the work of friendship on Hardthöhe, this unique synthesis of architecture and art was applauded, albeit, to an unknown degree, by everyone present, so much consensus that I wondered where this unity might be coming from.

Of course, it comes from your unerring feeling and incorruptible reason for architecture and art and what connects the two together.

When I looked back once again on my way home, to the cafeteria, to the lake and to my column, I suddenly realized for the first time how similar your motif of the earth openings and my foldings are. They both have the same principle. Your openings and my foldings. I should have been aware of this long ago. But it's true, indeed, that I realized this for the first time on that particular day. Perhaps things have to be moved together closely and consciously in order for us to realize how morphologically alike they really are.

Now this could be the moment to commemorate Leibniz, for whom the fold is the form of appearance that marks everything. But such a debate would go far beyond the framework of this short remark that was requested of me. However, I won't completely disregard it, as a brief signal to those who believe art to be the product of faceless and individual convulsions.

So, if the visitors noted that there is an unusual harmony in this ensemble of architecture and art, then one of the reasons for this – in our case, at least – is that your building and my column both originate in a common structural principle which we have varied, independent from one another, in a free but not arbitrary way.

I'm enclosing a few pictures with this letter. They show how the column is „laid onto its keel" and then erected. I hope that this short text and the pictures will offer enough

meinsamen Ordnungsprinzip entspringen, das wir unabhängig voneinander frei, aber nicht willkürlich, variiert haben.

Ich lege diesem Brief einige Bilder bei. Sie zeigen, wie die Säule „auf Kiel gelegt" und schließlich aufgestellt wird. Ich hoffe nun, daß dieser kurze Text und die Bilder dem Leser dieser Zeilen genug Möglichkeit bieten, sich in den Prozeß, dem die gefaltete Säule sich verdankt, hineinzudenken.

Aber den wirklichen Eindruck gewinnt er selbstverständlich nur wenn er es auf sich nimmt, zur Hardthöhe zu pilgern, um das Ganze in seinen reich entfalteten Bezügen zu erleben ...

(Aus einem Brief an Johannes Peter Hölzinger)

possibilities to the readers of these lines to go into the process to which the folded column owes a debt.

But, of course, they'll get the real impression only if they take it upon themselves to make the pilgrimage to Hardthöhe in order to experience the whole in its richly unfolded relationships ...

(Excerpts from a letter to Johannes Peter Hölzinger)

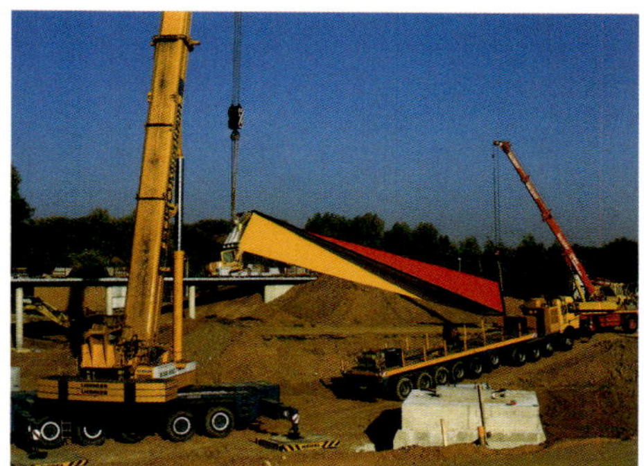

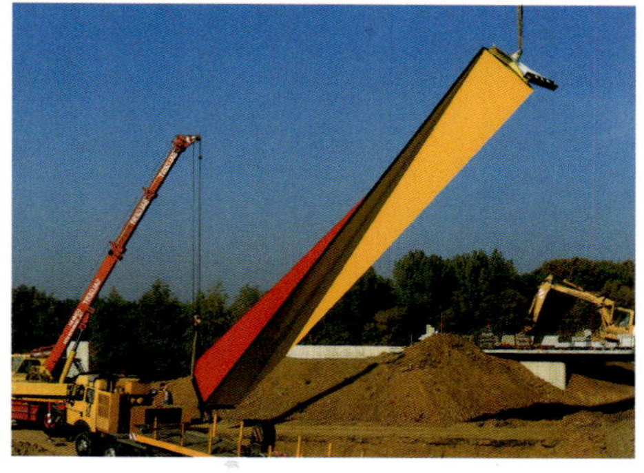

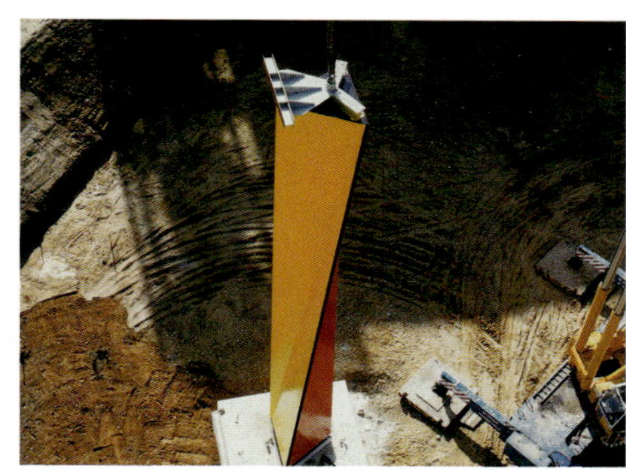

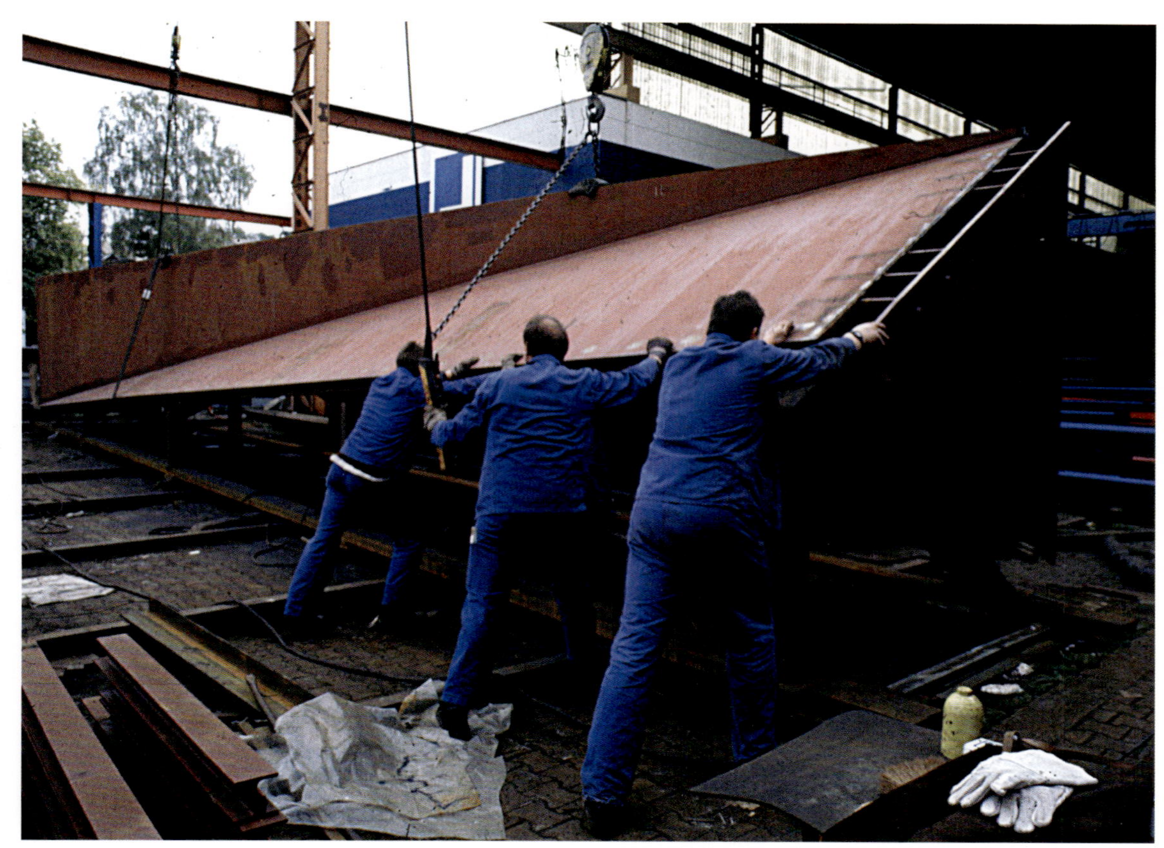

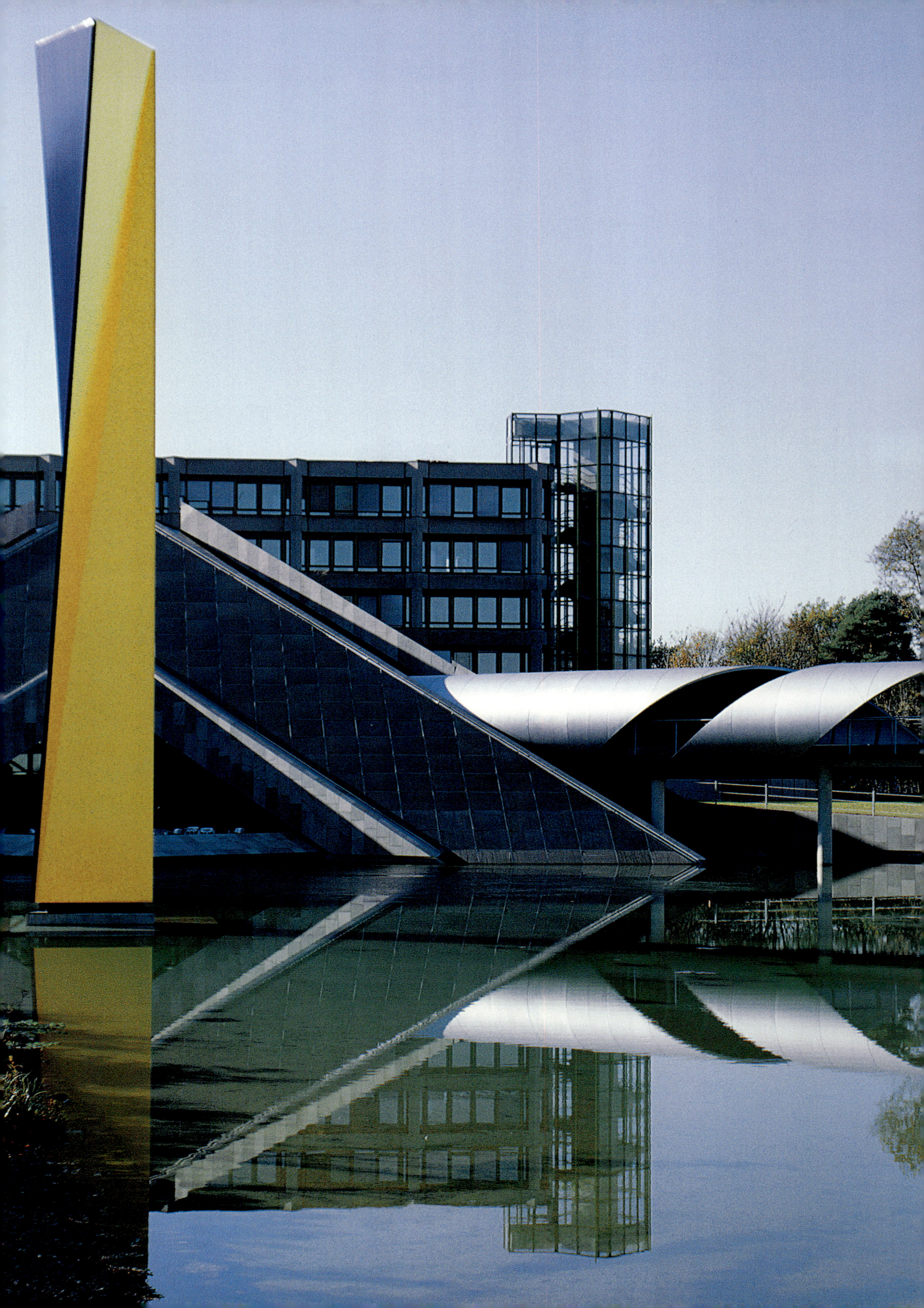

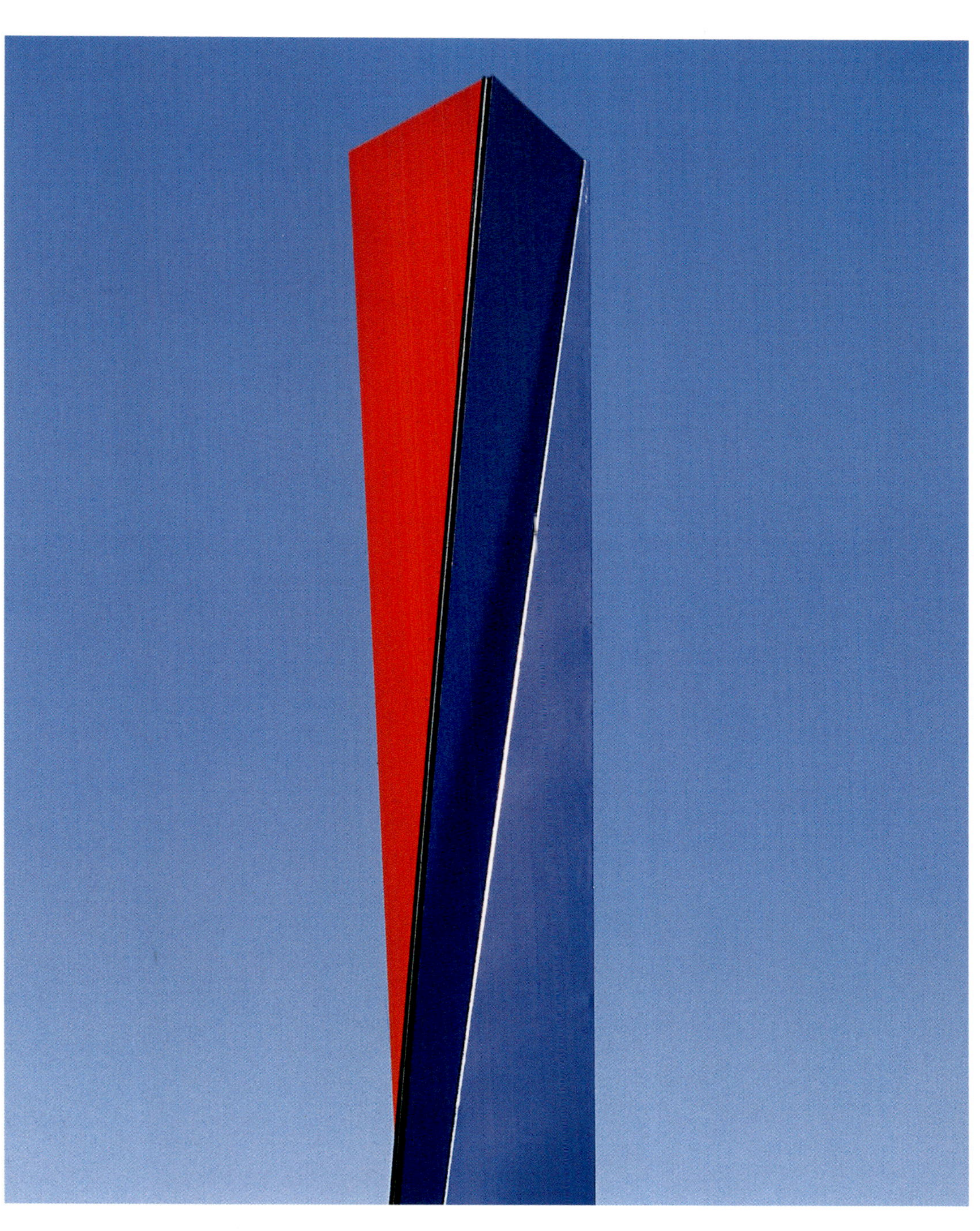

Chronologie
Chronology

Städtebauliche und architektonische Entwicklung des Bundesministeriums der Verteidigung auf der Hardthöhe

Urban and architectural development of the Federal Defense Ministry on Hardthöhe

Der Standort Hardthöhe des Bundesministerium der Verteidigung ist in seiner strukturellen und baulichen Entstehung über einen Zeitraum von mehr als 40 Jahren entwickelt und realisiert worden.

The location Hardthöhe of the Federal Defense Ministry has been developed and realized in its structural and architectural creation over a period of more than 40 years.

Für die unterschiedlichen baulichen Maßnahmen, für ein verbindendes visuelles Leitsystem und für die Einbeziehung der Kunst wurden von der Bundesbaudirektion Architektur- und Gestaltungswettbewerbe durchgeführt, die das städtebauliche, landschaftliche und architektonische Gesamtkonzept für den Standort Hardthöhe und dessen städtebauliche Integration in den städtischen Entwicklungsbereich Hardtberg zum Ziel hatten.

For the different architectural measures, for a connecting visual orientation system, and for the integration of art, the Federal Building Authority held architectural and design competitions. Their goal was an overall urban, landscaped and architectural concept for the location, Hardthöhe, and its integration into the urban development area, Hardtberg.

Folgende Bereiche entstanden:

Tausend-Mann-Kaserne	1
Truppenunterkunft	2
Bereich der 100er und 200er-Häuser	3
Neubaubereich	4

The following areas were created:

One-Thousand-Man Barracks	*1*
Troops housing	*2*
Area of the 100- and 200-Houses	*3*
Area of new buildings	*4*

1957–1958

Planung und Errichtung der sogenannten Tausend-Mann-Kaserne und der 100er-Häuser.

Planning and realization of the so-called One-Thousand-Man Barracks and the 100-Houses.

Die Bauten der Tausend-Mann-Kaserne spiegeln das Bestreben der jungen Bundesrepublik, das neu gewonnene Demokratieverständnis in städtebaulich und architektonisch aufgelockerten individuellen Ordnungen zum Ausdruck zu bringen. Die Nutzung der Kasernenanlage erfolgte bis heute für ministerielle Zwecke.

The buildings of the One-Thousand-Man-Barracks reflect the striving of the young Federal Republic to express the newly gained understanding of democracy in urban and architecturally dispersed individual organizations. The barracks complex has been used for ministerial purposes up to this day.

1962–1964

Neubau einer Bürohausgruppe mit einem 10geschossigen Hochhaus (200er-Häuser), einem Kasino sowie einer Bibliothek und einem Wachgebäude.

Construction of an office building group with a 10-story high-rise building (200-Houses), a cafeteria, as well as a library and security building.

Hierbei wird das inzwischen gewonnene, gesellschaftliche und politische Selbstbewußtsein an einer städtebaulich und räumlich dominanten Bauweise ablesbar.

Here, the societal and political self-consciousness that has meanwhile occurred becomes visible in an urban and spatially dominating way of building.

1971

Baubeginn des heutigen Truppenbereiches für das Stabs- und Versorgungsbataillon.

Start of the construction of today's troops area for the staff and supply battalion.

1972

Unter Federführung der Bundesbaudirektion erarbeitet ein Planungsteam unter Hinzuziehung der Stadt Bonn ein städtebauliches und landschaftliches Rahmenkonzept. Aufstellung eines Raum- und Funktionsprogramms als Grundlage für einen Architektenwettbewerb.

Under the responsibility of the Federal Building Authority and with the consultation of the city of Bonn, a planning team works out an urban and scenic framework concept. Establishment of a spatial and functional program as the basis for an architectural competition.

1973

Durchführung eines Ideenwettbewerbs für den Gesamtbereich des BMVg und seine Integration in den städtischen Entwicklungsbereich Hardtberg.

Realization of an idea competition for the entire area of the Defense Ministry and its integration into the urban development area Hardtberg.

1979

Beginn der Bauarbeiten für den ID-Bereich (Innerer Dienst) als 1. Bauabschnitt.

Start of the construction for the internal services area as the first building phase.

1983–1987

Neubau des 8 Gebäudekerne umfassenden Zentralbereiches. Der Planung des Zentralbereiches in den 70er Jahren und seiner

Construction of the new central area including 8 building cores. The basic concept of the planning for the central area

Realisierung liegt der Gedanke der Flexibilität durch gleiche Bau- und Raumteile zugrunde. Die „steingewordene" Idee des Seriellen erwies sich als eine zu gleichförmige Struktur mit zu geringer Orientierungs- und Erlebnissqualität. Parallel zum allgemeinen Paradigmenwechsel vom Nur-Zweckhaften zur Wiederentdeckung und zur Verantwortung für Baukultur entstand die Absicht, die Sonderbauten in einer zeitidentischen Architekturform zu errichten.

during the '70s and its realization is based on flexibility through equal structural and spatial sections. The concept of the serial building that has turned into stone proved to be too homogeneous a structure, lacking a quality of orientation and experience. With the rediscovery of and the responsibility for an architectural culture, the intention to realize the special buildings in a contemporary architectural form came about simultaneously.

1984 Gestaltungswettbewerb für ein visuelles Leitsystem zur besseren Orientierung und zur differenzierten Gestaltung der acht gleichen Kernbereiche der Bürostruktur.

Design competition for a visual orientation system providing improved orientation and more differentiated designs for the eight identical core areas of the office structure.

1986 Architekturwettbewerb für die Sonderbauten Ministergebäude, Konferenzzentrum, Führungszentrum und Kasino-Süd.

Architectural competition for the special buildings: ministerial building, conference center, executive center and south cafeteria.

1987 Beginn der Planungsarbeiten für die Sonderbauten.

Start of the planning work for the special buildings.

1988 Kunstwettbewerb für die Aussenbereiche der Neubauten. Im Zusammenhang mit dem visuellen Leitsystem, den Gebäuden und den Aussenanlagen wurden Orte definiert und thematisiert, um sowohl funktionale Bezüge wie die Hinführung zur Gebäudeanlage als auch Sinnbezüge durch Eingriffe der Kunst sichtbar werden zu lassen.

Art competition for the outdoor areas of the new buildings. In connection with the visual orientation system, the buildings and the outdoor complexes, places were being defined and made a theme in order to make functional relations, such as the direction towards the building complex as well as contextual relations, visible through artistic interventions.

1990 Neuorientierung aufgrund der deutschen Einheit und der politischen Entwicklung im Ost–West-Verhältnis. Hierdurch Verzicht auf das Führungs- und Konferenzzentrum.

Reorientation due to German reunification and the political developments in East–West relations. Therefore, the executive and conference centers were not realized.

Nach der Fertigstellung des Zentralbereiches wird der vorhandene Gebäudebestand auf der Hardthöhe saniert.

Following the realization of the central area, the existing buildings on Hardthöhe were renovated.

1995 Baubeginn Kasino-Süd.

Start of the construction of the south cafeteria.

1997 Fertigstellung des Kasino-Süd und Übergabe an den Bundesminister der Verteidigung, Volker Rühe.

Realization of the south cafeteria and official hand-over to the Defense Minister, Volker Rühe.

Damit ist das Ziel der städtebaulichen und architektonischen Entwicklung, die zusammengefaßte wirtschaftliche und funktionsgerechte Unterbringung des gesamten BMVg auf der Hardthöhe in Neubauten und sanierten Gebäuden im Wesentlichen erreicht.

The goal of the urban and architectural development, the combination of the economic and functional accommodation of the entire Defense Ministry on Hardthöhe in new and renovated buildings, has thus essentially been achieved.

Durch das Konzept der architektonischen Mehrsprachigkeit des Ensembles sowie durch die Verbindung von Kunst, Landschaft und Architektur aufgrund der integralen Betrachtungsweise aller Teile, ist die Geschichte der Hardthöhe gegenwartsbezogen fortgeschrieben.

Given the concept of the ensemble's multilingual architecture and the synthesis of art, landscape and architecture based on the integral consideration and contemplation of all parts, the history of Hardthöhe has been continued in a way that relates to our present time.

1 Tausend-Mann-Kaserne
One-Thousand-Man Barracks

2 Truppenunterkunft
Troops housing

3 Bereich der 100er- und 200er-Häuser
Area of the 100- and 200-Houses

4 Neubaubereich
Area for new buildings

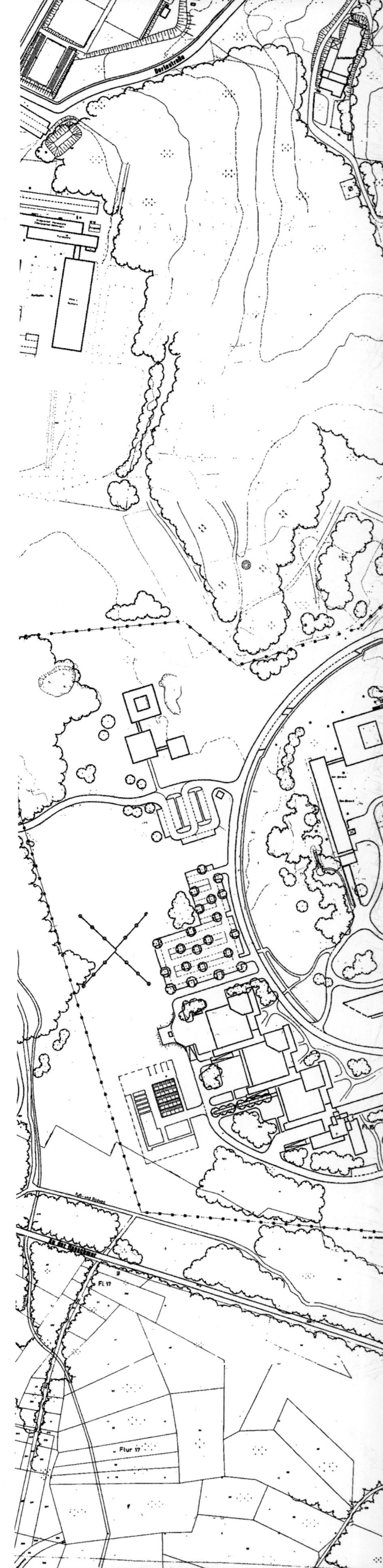

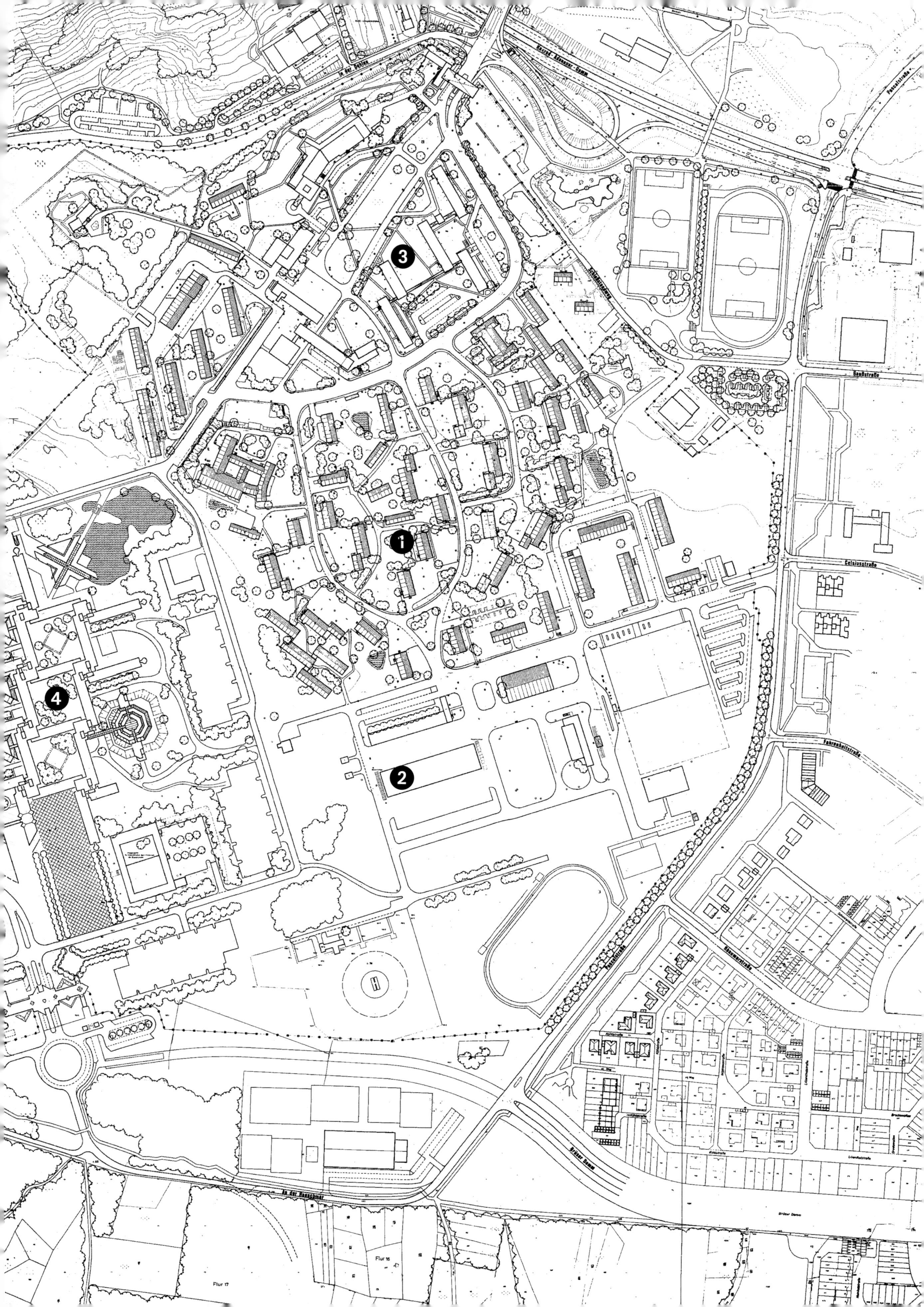
3
1
4
2
Gaußstraße
Celsiusstraße
Fahrenheitstraße
Flur 16
Flur 17

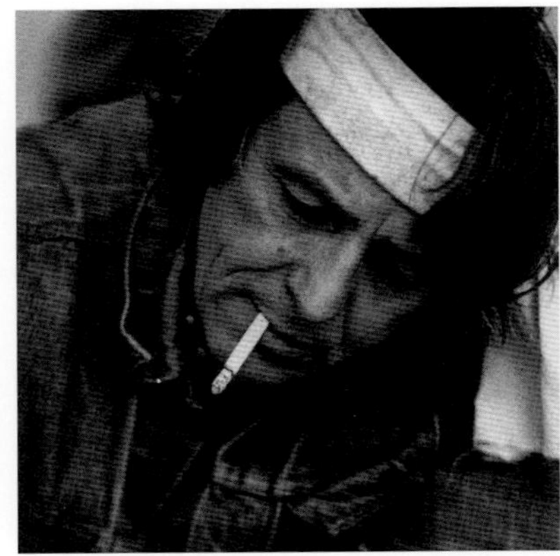

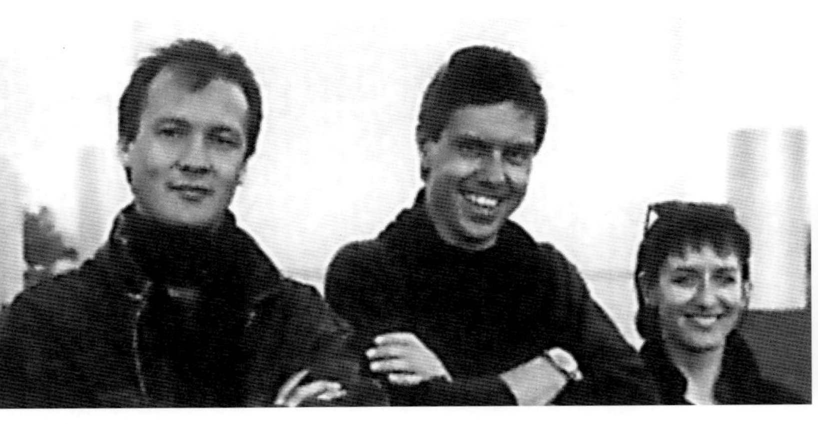

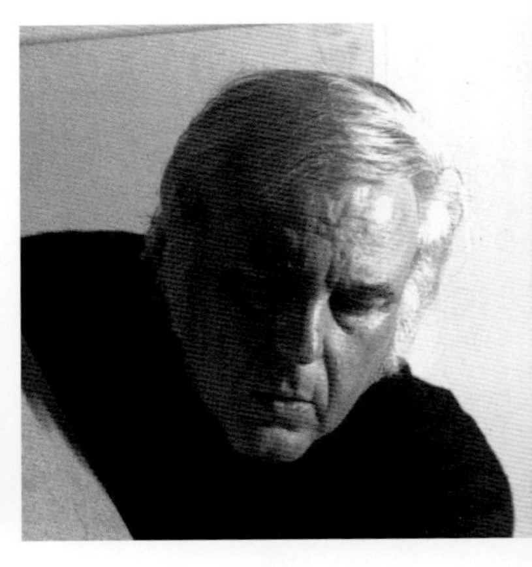

Eberhard Fiebig

1930 geboren in Bad Harzburg
1959 erste Skulpturen
1960 Studium der Philosophie an der Johann Wolfgang-von-Goethe-Universität in Frankfurt am Main
in den folgenden Jahren Entwicklung unterschiedlicher Skulpturtypen: Faltungen, pneumatische – und Tensegrity-Konstruktionen, Perforationen, Spaliere und Skulpturen aus Breitflanschträgern.
1967 erste Versuche rechnergestützter Operationen in Zusammenarbeit mit dem Deutschen Rechenzentrum Darmstadt
1970– Tätigkeit auch als Publizist, Photograph, Maler und Graphiker
1974 Professor an der Gesamthochschule Kassel
1986 Gründung des Ateliers „art engineering" mit Dorothea Wickel und Paul Bliese

1930 born in Bad Harzburg
1959 first sculptures.
1960 studied philosophy at Johann-Wolfgang-von-Goethe-Universität, Frankfurt am Main
during the following years, development of different types of sculptures: foldings, pneumatic and tensegrity constructions, perforations, trellises and sculptures made with wide-flanged steel beams.
1967 first attempts at computersupported operations in collaboration with the Deutsches Rechenzentrum Darmstadt.
1970– has worked as a publisher, photographer, painter and graphic designer
1974 professor at the Gesamthochschule Kassel
1986 foundation of the „art engineering" studio with Dorothea Wickel and Paul Bliese.

Formalhaut

Ottmar Hörl

1950	geboren in Nauheim	*1950*	*born in Nauheim*
1975–79	Studium an der Städelschule, Frankfurt am Main	*1975–79*	*studied at the Städelschule, Frankfurt am Main*
1978	Studienstiftung des Deutschen Volkes	*1978*	*Studienstiftung des Deutschen Volkes*
1979–81	Studium an der Kunstakademie Düsseldorf bei Klaus Rinke	*1979–81*	*studied at the Kunstakademie Düsseldorf with Klaus Rinke*
1992–93	Gastprofessor an der TU Graz	*1992–93*	*guest professor at TU Graz*
1994	Förderpreis für Baukunst, Akademie der Künste, Berlin	*1994*	*Förderpreis für Baukunst of the Akademie der Künste, Berlin*
1997	art muliple - Preis, Internationaler Kunstmarkt, Düsseldorf	1997	art muliple - Preis, Internationaler Kunstmarkt, Düsseldorf
1998	Wilhelm Loth - Preis, Darmstadt	1998	Wilhelm Loth - Preis, Darmstadt

Gabriela Seifert

1954	geboren in Altenhaßlau	*1954*	*born in Altenhaßlau*
1977	Studienabschluß an der Fachhochschule Frankfurt am Main Arbeit in Architekturbüros	*1977*	*graduated from the Fachhochschule Frankfurt am Main* *worked in architectural offices*
1985	Studienabschluß an der Städelschule, Frankfurt am Main	*1985*	*graduated from the Städelschule, Frankfurt am Main*
1988	Lehrtätigkeit an der Polytechnic of East London	*1988*	*taught at the Polytechnic of East London*
1989	Lehrtätigkeit an der Arkitekturnøgskolen, Oslo	*1989*	*taught at the Arkitekturnøgskolen, Oslo*
1994	Förderpreis für Baukunst der Akademie der Künste, Berlin	*1994*	*Förderpreis für Baukunst of the Akademie der Künste, Berlin*

Götz G. Stöckmann

1953	geboren in Frankfurt am Main	*1953*	*born in Frankfurt am Main*
1977	Studienabschluß an der Fachhochschule in Frankfurt am Main	*1977*	*graduated from the Fachhochschule Frankfurt am Main*
1980	Studienabschluß an der Städelschule, Frankfurt am Main	*1980*	*graduated from the Städelschule, Frankfurt am Main*
1983	Studium an der Architectural Association School of Architecture, London Arbeit in Architekturbüros und eigene Projekte	*1983*	*graduated from the Architectural Association School of Architecture, London* *worked in architectural offices and own projects*
1988	künstlerisch-wisschenschaftlicher Mitarbeiter an der Städelschule Frankfurt am Main	*1988*	*Artistic-scientific collaborator at the Städelschule, Frankfurt am Main*
1994	Förderpreis für Baukunst der Akademie der Künste, Berlin	*1994*	*Förderpreis für Baukunst of the Akademie der Künste, Berlin*

Johannes Peter Hölzinger

1936 geboren in Bad Nauheim
1954–57 Architekturstudium an der Städelschule, Frankfurt am Main
1963/64 Stipendium der Deutschen Akademie Villa Massimo, Rom
1965, 1978, 1980, 1985
Auszeichnung „Vorbildliche Bauten in Hessen" und durch die Hansestadt Hamburg
1970 Hugo-Häring-Preis für den Schloßpark in Karlsruhe
1967, 1968, 1972, 1977, 1984
Gastdozenturen an der Städelschule, Frankfurt am Main, und der Gesamthochschule Kassel
1965–82 „Planungsgemeinschaft für neue Formen der Umwelt" mit Hermann Goepfert
1991– Professor an der Akademie der Bildenden Künste in Nürnberg, Klasse Kunst und öffentlicher Raum

1936 born in Bad Nauheim
1954–57 studied architecture at the Städelschule, Frankfurt am Main
1963–64 scholarship visit at the Deutsche Akademie Villa Massimo, Rome
1965, 1978, 1980, 1985
Awarded „Exemplary Buildings in Hesse" and by the Hansestadt Hamburg
1970 Hugo Häring Award for the palace gardens in Karlsruhe
1967, 1968,1972, 1977, 1984
guest professor at the Städelschule, Frankfurt am Main and at the Gesamthochschule Kassel
1965–82 „Planungsgemeinschaft für neue Formen der Umwelt" with Hermann Goepfert
1991– professor at the Akademie der Bildenden Künste in Nürnberg, with a class for art and public space

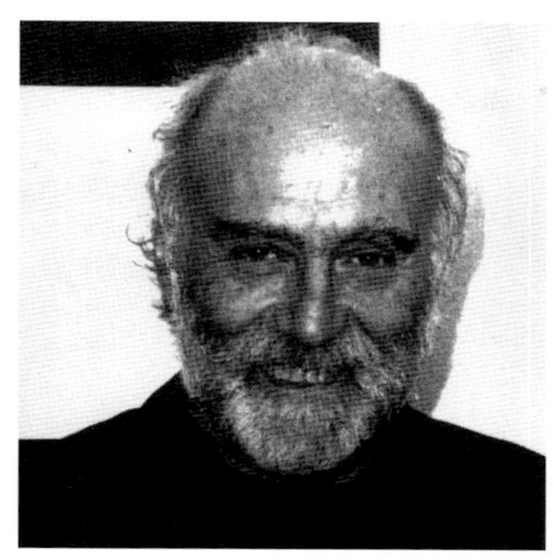

Leonardo Mosso

1926 geboren in Turin
arbeitet als Architekt und als Künstler
ehemaliger Mitarbeiter und Partner von Alvar Aalto
Lehrtätigkeit an verschiedenen europäischen Universitäten
Theoretiker des „strukturalen semiotischen Entwurfs" und der „nicht-autoritären Programmation"
1969 Preis „Architektur und Freiheit", Dreiländer-Biennale, Graz

1926 born in Turin
works as an architect and as an artist
former collaborator and partner with Alvar Aalto
theoretician of the „structural semiotic design" and the „non-authoritarian programmation"
1969 „Architecture and Freedom" Prize, Dreiländer-Biennale, Graz

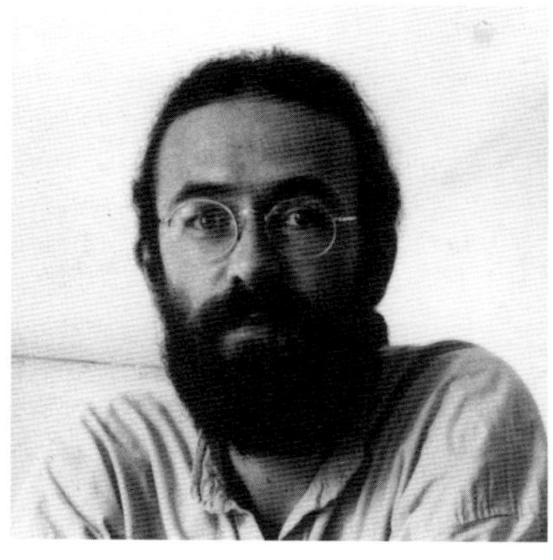

Norbert Müller-Everling

1953 geboren in Bensheim
1973–79 Studium an der Kunstakademie Düsseldorf bei Erwin Heerich
1979–81 Studium der Philosophie an der Rheinisch-Westfälischen Technischen Hochschule, Aachen
1986 Förderpreis der Stadt Aachen
1987– Mitglied der „Gruppe Konkret", Bonn

1953 born in Bensheim
1973–79 studied at the Kunstakademie Düsseldorf Erwin Heerich
1979–81 studied philosophy at the Rheinisch-Westfälische Technische Hochschule, Aachen
1986 Award from the City of Aachen
1997– member of the „Gruppe Konkret", Bonn

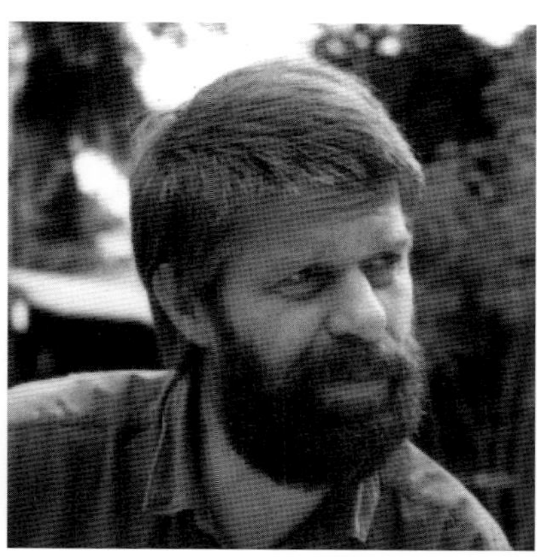

Ansgar Nierhoff

1941 geboren in Meschede
Studium an der Kunstakademie Düsselcorf bei Norbert Kricke und Eduard Trier
1986 Gastprofessor an der Gesamthochschule Kassel
1988– Professor und Leiter einer Bildhauerklasse an der Johannes-Gutenberg-Universität, Mainz

1941 born in Meschede
studied at the Kunstakademie Düsseldorf with Norbert Kricke and Eduard Trier
1986 professor and head of a sculpture class at Johannes-Gutenberg-Universität, Mainz

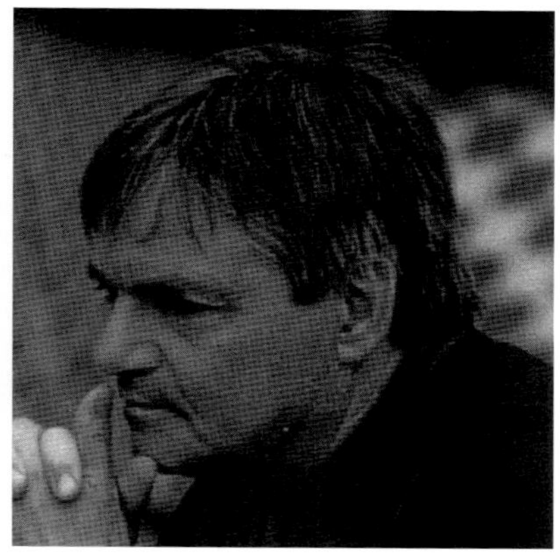

Andreas Sobeck

1942 geboren in Breslau
Studium der Bildhauerei, der Kunstpädagogik und der politischen Wissenschaften in München und Rom
Architektur und landschaftsbezogenes interdisziplinäres Arbeiten

1942 born in Breslau
studied sculpture, art pedagogy and political science in Munich and Rome
architectural and landscape-related interdisciplinary work

Planungsbeteiligte
Planning participants

Neubauten des Bundesministeriums der Verteidigung auf der Hardthöhe, Bonn
New buildings of the Federal Defense Ministry on the Hardthöhe, Bonn

Bauherr *Client*	Bundesrepublik Deutschland *Federal Republic of Germany*
Gesamtleitung *Supervision*	Bundesministerium für Raumordnung, Bauwesen und Städtebau, vertreten durch das Bundesamt für Bauwesen und Raumordnung – Abteilung III *Federal Ministry for Regional Policy, Architecture and Urbanism, represented by the Federal Office for Architecture and Regional Policy – Department III*

2. und 3. Bauabschnitt, 1. Teil
2nd and 3rd building phase, 1st part

Zentralbereich mit 8 Gebäudekernen Lagezentrum der Teilstreitkräfte
Central area with 8 building cores

Entwurf und Planung Design and planning	Groth + Lehmann-Walter, Bonn Werner Lehmann
Freianlagen *Landscaping*	Bödeker, Wagenfeld + Partner, Düsseldorf
Projektsteuerung, Kosten- und Terminplanung *Project control, cost and time plan*	ASSMANN Beraten + Planen, Dortmund
Objektüberwachung *Object supervision*	Lambart + Partner, Ratingen Helmut Guré
Tragwerkplanung *Supporting structure plan*	Gesellschaft für wirtschaftliche Bautechnik, München Ing.Büro Dieter Kleinjohann, Köln
Prüfung der Tragwerkplanung *Examination of the supporting structure plan*	Jeromin + Partner, Köln
Technische Gebäudeausrüstung *Technical building equipment*	Bau-Contract Bartels, Berlin
Bauphysik *Building physics*	Ing.-Büro Wolfgang Schäfer, Gießen
Lichtplanung *Lighting plan*	Lichtdesign, Köln
Visuelles Leitsystem *Visual orientation system*	Johannes Peter Hölzinger, Bad Nauheim

2. und 3. Bauabschnitt, 2. Teil
2nd and 3rd building phase, 2nd part

Ministerflügel und Kasino Süd
Ministerial wing and South Cafeteria

Entwurf und Planung
Design and planning

Ministerflügel: Arbeitsgemeinschaft Sonderbauten
Johannes Peter Hölzinger, Bad Nauheim
Architekturbüro Mronz, Köln

Kasino-Süd: Johannes Peter Hölzinger, Bad Nauheim
Helmut Hergarten, Alfter

Freianlagen
Landscaping

Bödeker, Wagenfeld + Partner, Düsseldorf

Projektsteuerung, Kosten – und Terminplanung
Project control, cost and time plan

ASSMANN Beraten + Planen, Dortmund

Objektüberwachung
Object supervision

Planung und Projektmanagement
Helmut Guré

Tragwerkplanung
Supporting structure plan

ASSMANN Beraten + Planen, Dortmund
Ing.Büro Dieter Kleinjohann, Köln

Prüfung der Tragwerkplanung
Examination of the supporting structure plan

Ing.-Büro Werner + Schwarz, Duisburg

Technische Gebäudeausrüstung
Technical building equipment

Schmidt Reuter, Köln

Bauphysik
Building physics

Ing.-Büro Wolfgang Schäfer, Gießen

Lichtplanung
Lighting plan

Lichtdesign, Köln

Visuelles Leitsystem
Visual orientation system

Johannes Peter Hölzinger, Bad Nauheim

Beteiligte Künstler
Participating artists

Eberhard Fiebig, Kassel
Formalhaut, Frankfurt am Main
Otmar Hörl, Gabriela Seifert, Götz Stöckmann
Leonardo Mosso, Turin
Norbert Müller-Everling, Remagen
Ansgar Nierhoff, Köln
Andreas Sobeck, Winzer

Photonachweis / *Photo credits*

Eberhard Fiebig 60, 61
P. Formella 17–23
Gruppe für Design 36, 41.1
Johannes Peter Hölzinger 10, 11.1, 11.2, 28.2, 28.3, 31,40, 44.2, 44.3, 52, 56, 62, 63
Landesvermessungsamt Nordrhein-Westfalen 7 umgearbeitetes Luftbild, Aufnahme: 903/97-2-83 vom 10.3.1997, Gen.-Nr. 81/98
Dieter Leistner Umschlagphoto / *jacket photo*, 20, 28.1, 33–35, 41.2,
Leonardo Mosso 11.3, 11.4, 50, 52, 54, 55.2
Norbert Müller Everling 56
Ivan Nemec 27, 30–32, 37, 39, 44.1–53, 54.1, 57–59
Ali Ritter 69